CALLWEY

Die 100 BESTEN REZEPTE

der besten Foodblogger

Der REZEPTEBUCH.COM Award 2021

CALLWEY

VORSPEISEN SEITE 10

Salate
Marinierter Gurken-Zucchini-Salat mit Feta und Dill **12**
Veganer Brokkolisalat **14**
Schnittlauchblüten-Essig **16**

Suppen
Green Gazpacho mit Avocado und Kokosmilch **18**
Soup de chalet – Schweizer Hüttensuppe **20**
Kürbis-Mango-Suppe **22**

Snacks
Grünkohlchips, karamellisierte Karotten und Polenta-Taler **24**
Vietnamesische Sommerrollen mit Erdnuss-Sauce **26**
Labneh – Frischkäse aus der Levante **28**
All-in-one-Weizenmischbrot **30**
Bestes griechisches Pita-Brot **32**
Tomaten-Galette **34**
Erbsen-Hummus mit gebratenem grünen Spargel **36**

HAUPTSPEISEN SEITE 38

Vegetarisch
Kua Mee – Gebratene Nudeln aus Laos **40**
Veganer Schnitzelburger **42**
Veganer Tomaten-Linsen-Eintopf **44**
Vegane Pasta mit Cashew-Sahne-Sauce und Pilzen **46**
Gefüllte Champignons mit Spinat, Walnüssen und Ricotta **48**
Nudeln mit karamellisierten Ofentomaten **50**
Vegane Couscous-Gemüsepfanne **52**
Veganer Kürbis-Linsen-Curryeintopf **54**
Blumenkohlscheiben mit orientalischem Quinoa-Salat **56**
Kürbisbuchteln mit Pflaumenmus aus dem Dutch Oven **58**
Pasta mit Kürbis, Zucchini und karamellisierten Zwiebeln **60**
Tagliatelle mit Ziegenkäse und Feigen **62**
Kürbis-»Mac and Cheese« **64**
Cremige Weißwein-Pesto-Gnocchi **66**
Vegetarische Wirsingrouladen **68**
Schafskäse aus dem Ofen mit Gemüse und karamellisierten Zwiebeln **70**
Low Carb Zucchini-Romanesco-Gratin **72**
Tagliatelle mit Ofenkürbis-Lauch-Creme **74**

Fisch
Schwertfisch in Tomaten-Wermut-Sahne-Sauce mit Estragon **76**
Tagliatelle mit Lachs und Mangold **78**
Gesundes Fisch-Curry mit Spinat und Reis **80**
Tagliatelle mit Tomatensauce und schwarzen Sommertrüffeln **82**
Zarter Lachs aus dem Ofen mit Gemüse **84**
Lachs-Quiche **86**
Gebratener Reis mit Ananas **88**
Kabeljau konfiert auf Spargel-Bärlauch-Risotto **90**
Poisson Cru à la Tahitienne – Rezept aus Tahiti **92**

Fleisch
Chicken Banh Mi **94**
Balsamico-Rindfleischgulasch mit Perlzwiebeln **96**
Saftige Meatballs **98**
Lammkarree mit Tomaten-Kirsch-Sauce und Kartoffelpolenta **100**
Raggmunk – Schwedische Kartoffelpfannkuchen **102**
Griechisches Giouvetsi mit Lamm **104**
Reuben-Sandwich **106**
Köttbullar **108**
Huhn in Sherry-Sauce **110**
Gulasch **112**
Nudeln mit Salsicca und Sahnesauce **114**
Empanadas de Picadillo **116**
Rote-Bete-Burger mit Rindfleisch, Ziegenkäse und Feigen **118**

DESSERTS SEITE 122

Kuchen

No Drama Banana: Veganes Bananenbrot **124**
Schneller Kokoskuchen **126**
Veganer Maulwurfkuchen **128**
Veganer saftiger Polentakuchen mit Kokossahne und Beeren **130**
Veganer Mirabellen-Streuselkuchen mit einfachem Rührteig **132**
Vegane Schokotarte mit Himbeeren **134**
Apfeltorte mit Frischkäse-Sahnecreme und Streuseln **136**
Feiner Apfel-Sandkuchen mit Mandeln **138**
Bananen-Schoko-Brot mit Salzkaramell **140**
Omas Schoko-Nuss-Kuchen **142**
Skyr-Käsekuchen mit Agavendicksaft und Blaubeeren **144**
Glutenfreie Schokoküchlein mit roter Bete **146**
Kladdkaka - Schwedischer Schokoladenkuchen **148**
Pumpkin Pie – Amerikanischer Kürbiskuchen **150**
Lemon-Drizzle-Cake **152**
Heidelbeer-Streusel-Käsekuchen **154**
No bake: Erdbeertorte mit Quark-Sahne-Füllung **156**
Kokos-Schokoladen Torte mit veganen Rumkugeln **158**

Gebäck

Walnusswaffeln **160**
Pfirsisch-Galette **162**
Toffiffee-Cupcakes mit Topping **164**
Fruchtige Sommerbabka mit Rhabarber-Heidelbeer-Füllung **166**
Zuckerfreie Donuts mit Apfelmus **168**
Veganer Nusszopf **170**
Mohnzopf mit Preiselbeeren **172**
Süße Weihnachtstannenbäume **174**
Butterplätzchen **176**
Glutenfreies Buchweizenbrot **178**
Zwetschen-Strudel mit gehackten Mandeln und Müsli **180**
Karamellschnitten **182**
Frühstücksbrötchen – knusprig und raffiniert **184**

Süßspeisen

Veganes Mano-Kokos-Eis **186**
Beschwipster Zwetschgenröster **188**
Zweifarbige Brombeer-Mango-Konfitüre **190**
Zuckerfreie Kokoskugeln mit Himbeeren **192**
Vegane Panna Cotta **194**
Veganes »Heiße Liebe« Porridge mit karamellisierter Banane **196**
Pumpkin-Pie-Zimtschnecken **198**
Würziges Pflaumenmus aus dem Backofen **200**
Granola andaluz **202**
5-Minuten Weihnachts-Granola **204**
Lebkuchen-Schokoladen-Tiramisu-Törtchen **206**
Schokoladenwaffeln mit Walnuss-Tahini-Sauce **208**
Saftige Vanille-Amerikaner mit zitronigem Zuckerguss **210**

DRINKS & GETRÄNKE SEITE 212

Dalgona Coffee **214**
Selbstgemachter Kräutertee **216**
Ipanema-Cocktail **218**

PRODUKTE DES JAHRES SEITE 220

VORWORT SEITE 6

REGISTER SEITE 234

IMPRESSUM SEITE 240

VORWORT

Eigentlich ist das Jahr viel zu kurz mit seinen nur 356 Tagen. Gerade einmal 356 Tage, um all die buchstäblich unzähligen Rezepte umzusetzen, die im Netz kursieren und die von Tausenden von Profi- und Hobby-Köchen tagtäglich gepostet werden. Wer kann sich aus dieser Auswahl schon für die echten Food-Highlights entscheiden?

Und dabei begeistern sie doch so sehr, die FoodbloggerInnen. Mit all ihren Ideen, ihrer Leidenschaft und ihrer Kreativität.
Aus all dieser Auswahl und Vielfalt das Beste rauszuholen – das war unser Gedanke, als wir auf der Plattform Rezeptebuch.com die besten FoodbloggerInnen mit den besten Rezepten vorstellten und um die Wertung der Besucher baten. 100 hervorragende Rezepte wurden auf diese Weise ausgewählt und haben es in unser Buch geschafft: Schnelle und gesunde Rezepte für den Alltag, aber auch Ideen für gemeinsame Stunden am Herd mit größeren Kochprojekten. Von der Vorspeise über den Hauptgang bis hin zu – natürlich- dem Dessert, Menüs zum Genießen und Drinks zum Teilen.
Das Buch lädt nicht nur zum Nachkochen ein, sondern auch zum Weiterstöbern in den Blogs der interessantesten FoodbloggerInnen Deutschlands.

Gerade in herausfordernden Zeiten haben wir gesehen: Sich um einen Tisch zu versammeln, zu kochen, zu backen, zu genießen ist so viel mehr als einfacher Zeitvertreib. Es ist essenziell für unser Wohlbefinden, für den Zusammenhalt der Familie, für die Kraft der Freundschaft und hilft uns dabei, die Welt da draußen ein Stück von uns fern zu halten. Und gleichzeitig entführen uns Trends wie Buddha Bowls und Bananenbrot in neue Welten. Wir reisen mit ungewöhnlichen Rezepten um den Globus, von Finnland nach Asien, von Amerika nach Schweden. Oder wir finden einen Seelentröster in altbewährtem wie Eintopf oder Apfelkuchen.
Ob vegan, laktose- oder glutenfrei, dieses Callwey Buch stellt die besten Rezepte der besten deutschsprachigen Blogger zusammen.
Wir freuen uns sehr, all diese interessanten und begabten Menschen in unserem Buch vereinen zu dürfen und laden herzlich dazu ein, in den Blogs und Accounts zu stöbern, auszuprobieren, nachzukochen, zu kommentieren und zu liken.
Wir freuen uns auf Euer Feedback.

Euer Callwey Team

Dieses Rezept findet
Ihr auf S. 140!

Pure Vorfreude

VORSPEISE

Salate 12
Suppen 18
Snacks 24

Fertig in 20 min · Schwierigkeit: 1

Ein saisonaler Salatklassiker neu interpretiert: Mit diesem Rezept werden die Geschmacksknospen so richtig überrascht. Dank Feta, Dill und Frühlingszwiebeln wird es super aufgepeppt. Die Zucchini kommt übrigens roh in den Salat.

MARINIERTER GURKEN-ZUCCHINI-SALAT MIT FETA UND DILL

ZUTATEN

Für 2 Personen

Abrieb und Saft von 1 Bio-Zitrone
1 EL Essig (z. B. Apfelessig)
3 EL Pflanzenöl (z. B. Rapsöl)
1 TL Zucker
Salz
Pfeffer
1 Salatgurke
1 Zucchini
½ Bund Dill
2–3 Frühlingszwiebeln
ca. 100 g Feta

ZUBEREITUNG

1 Den Zitronenabrieb, die Hälfte des -safts (die andere Hälfte anderweitig verwenden), den Essig, das Öl, den Zucker sowie Salz und Pfeffer in einer Schüssel zu einer Marinade verrühren.

2 Die Enden der Gurke sowie der Zucchini entfernen und beide mit einem Sparschäler in lange Streifen schneiden, alternativ einfach in sehr dünne Scheiben schneiden. Das geschnittene Gemüse in die Marinade geben und gut vermengen (am besten mit den Händen).

3 Den Dill waschen, trocken tupfen und fein hacken. Die Frühlingszwiebeln in feine Ringe schneiden. Beides zur Zucchini-Gurken-Mischung geben und alles mit Salz und Pfeffer abschmecken. Zum Schluss den Fetakäse darüberbröckeln und den Salat servieren.

CARRY ON COOKING *Mein Name ist Frances. Ich bin freiberufliche Food-Fotografin, esse für mein Leben gern und habe durch meinen Food-Blog »carry on cooking« mein Hobby zum Beruf gemacht. Bei »carry on cooking« geht es bunt, vielfältig, vegetarisch und vegan zu. Meine Rezepte sind ein Mix aus gesundem Grünzeug, leckerem Soulfood, neu interpretierter Hausmannskost sowie süßen Kuchen und Gebäck. Kurz gesagt: Meine Rezepte spiegeln die ganz normalen Gelüste und Essgewohnheiten von uns allen wider. Dabei folge ich selten Trends, sondern lege den Fokus vor allem auf eines: eine einfache und schnelle Zubereitung mit saisonalen Zutaten.*
carry-on-cooking.com carryoncooking carryoncooking.blog carryoncooking123

VEGAN

Fertig in 20 min · Schwierigkeit: 1

Dieser Salat ist wirklich super schnell gemacht und kann auch am Tag zuvor zubereitet werden – über Nacht durchgezogen schmeckt er meiner Meinung nach sogar noch einen Tacken besser (die Kerne dann erst kurz vor dem Servieren drauf werfen)!

VEGANER BROKKOLISALAT

ZUTATEN

Für 4 Personen

SALAT
1 Apfel
2 rote Paprikaschoten
500 g Brokkoli
2 Frühlingszwiebeln

DRESSING
4 EL Olivenöl
2 EL roter Weinessig
1 TL Ahornsirup
1 EL Senf
Salz
Pfeffer

AUSSERDEM
Sonnenblumenkerne (nach Belieben)

ZUBEREITUNG

1 Für den Salat den Apfel schälen, entkernen und würfeln. Die Paprika ebenfalls entkernen und in kleine Würfel schneiden. Den Brokkoli in kleine Röschen teilen; wenn der Strunk nicht holzig ist, mit verwenden und klein schneiden. Die Frühlingszwiebeln in dünne Ringe schneiden. Alles in eine große Schüssel geben.

2 Für das Dressing alle Zutaten verrühren und über den Salat geben. Beides gut miteinander vermischen.

3 Den Salat nach Belieben mit Sonnenblumenkernen bestreuen und servieren.

KOHLENPOTTGOURMET *Mein Name ist Stephie, ich blogge seit 2016 auf »kohlenpottgourmet.de«. Bei mir bekommt ihr zuckerfreie Rezepte sowie Tipps und Erfahrungen rund um das Leben ohne Industriezucker. Dabei zeige ich, dass zuckerfreie Ernährung sehr lecker und abwechslungsreich ist, ohne dass man das Gefühl hat, auf etwas verzichten zu müssen. Ob herzhaft oder süß - ich zeige Euch Möglichkeiten, wie man all das ohne Zucker lecker zubereitet.*
kohlenpottgourmet.de* (f) *kohlenpottgourmet* (Instagram) *kohlenpottgourmet

Fertig in 10 min · Schwierigkeit: 1

Schnittlauchblüten sind nicht nur wunderschön anzuschauen, sie sind auch genießbar. In Essig eingelegt färben sie diesen wunderbar pink. Man braucht dafür auch nur zwei Zutaten und ein paar Tage Zeit.

PINKER SCHNITTLAUCHBLÜTEN-ESSIG

ZUTATEN

Für 1 Flasche (500 ml)

1 gute Handvoll Schnittlauchblüten (ca. 30–35 Stück)
500 ml weißer Tafelessig

ZUBEREITUNG

1 Die Schnittlauchblüten in ein sauberes Schraubdeckelglas geben und mit dem Essig aufgießen. Verschließen und 5–7 Tage bei Zimmertemperatur stehen lassen, dabei täglich gut durchschütteln. Schon nach 2–3 Tagen kann man sehen, wie toll sich der Essig durch die Blüten verfärbt.

2 Anschließend den Essig abseihen und in sterilisierte Flaschen füllen. Der Schnittlauchblüten-Essig verfeinert jeden Salat und bringt eine zwiebelige, leicht scharfe Note hinein.

HOMEMADE & BAKED *Ich heiße Bettina, bin 30 Jahre alt und komme aus dem schönen Oberbayern. Ich bin gelernte Ergotherapeutin und koche und backe leidenschaftlich gerne. Dabei kann ich mich einfach nicht bloß stur an Rezepte halten, und das spiegelt sich auch in meinen eigenen im Blog »homemade & baked« wider: Sie sind meist wandelbar und lassen ausreichend Spielraum für eigene Kreationen. In den letzten Jahren bin ich außerdem dem Brotbacken verfallen, und so finden sich immer mehr leckere Brotrezepte im Blog. Damit möchte ich meinen Lesern zeigen, dass es überhaupt nicht schwierig ist, Sauerteigbrote in der heimischen Küche herzustellen.*
homemade-baked.de* Instagram *homemadeandbaked* Facebook *homemadeandbaked* Pinterest *homemadebaked

Fertig in 17 min. · Schwierigkeit: 1

Erfrischend im Sommer: eine cremige, kalte Suppe mit Avocado und Minze – wie diese hier!

GREEN GAZPACHO VEGAN MIT AVOCADO UND KOKOSMILCH

ZUTATEN

Für 2 Personen

1 Salatgurke
1 gelbe Paprikaschote
4 Frühlingszwiebeln
1 Knoblauchzehe
½ grüne Chilischote
2 Avocados
Saft von ½ Zitrone + mehr zum Servieren
1 Handvoll Minzblätter + mehr zum Servieren
250 ml Kokosmilch
1 EL Apfelessig
2 EL Olivenöl
Salz
Pfeffer
Mandelblättchen zum Servieren
Chiliflocken zum Servieren

ZUBEREITUNG

1 Die Gurke und die Paprika grob würfeln und in ein hohes Gefäß geben. Die Frühlingszwiebeln grob hacken. Den Knoblauch schälen, die Chilischote entkernen und beides ebenfalls grob hacken. Alle drei Zutaten mit in das Gefäß geben. Die Avocados entkernen, das Fruchtfleisch mit einem Löffel aus der Schale lösen und mit dem Zitronensaft ebenfalls zufügen. Dann die Minzblätter, 200 ml Wasser, die Kokosmilch, den Essig und das Olivenöl zugeben und alles mit dem Pürierstab oder im Standmixer pürieren.

2 Zum Schluss alles gut mit Salz und Pfeffer abschmecken (es braucht ordentlich Salz, also nicht scheuen, ausreichend zu salzen) und für mindestens 1 Stunde kalt stellen.

3 Die kalte Gazpacho mit Mandelblättchen und Chiliflocken bestreuen, mit ein paar Spritzern Zitronensaft beträufeln, mit einigen Minzblättchen dekorieren und servieren.

STILETTOS & SPROUTS *Ich heiße Katja und Kochen macht mir großen Spaß – besonders wenn es schnell geht! Weil es bestimmt viele andere gibt, die da mit mir einer Meinung sind, habe ich 2015 meinen Blog »Stilettos & Sprouts« gegründet. Hier kreiere ich einfache, gesunde und schnelle Rezepte mit dem gewissen Wow-Faktor. So bleibt mir Zeit für die Dinge, die ich neben dem Kochen und Bloggen liebe: mit Freunden wandern, lachen und Biergärten besuchen im wunderschönen Odenwald, meiner hessischen Wahlheimat. Außerdem an lustigen Mädelsabenden zusammen »Topmodel« oder »Bachelor« schauen und dabei mit viel gutem Essen die gemeinsame Zeit genießen.*
stilettosandsprouts.de* Instagram *stilettosandsprouts* Facebook *stilettosandsprouts.de* Pinterest *stilettosandsprouts

Fertig in 1 h 25 min · Schwierigkeit: 1

Fribourger Soupe de Chalet – ein Schweizer Suppenrezept für eine schnelle und einfache Hüttensuppe aus dem Kanton Freiburg.

SOUPE DE CHALET – SCHWEIZER HÜTTENSUPPE

ZUTATEN

Für 4 Personen

6 Kartoffeln
1 Zwiebel
1 Handvoll wilder Spinat
(alternativ junger Spinat)
1 Stange Lauch
(alternativ 1 Handvoll Brennnesseln)
½ Bund Petersilie
1 EL Öl
1 l Rinderbrühe
500 ml Milch
100 g Hörnchennudeln
100 g Sahne
12 EL geriebener Greyerzer
(Le Gruyère AOP)
Salz
Pfeffer
Muskat (nach Belieben)

ZUBEREITUNG

1 Die Kartoffeln schälen und in kleine Würfel schneiden. Die Zwiebel schälen und fein würfeln. Den Spinat waschen, trocken schütteln und etwas zerkleinern. Den Lauch vierteln und in kleine Stückchen schneiden. Die Petersilie waschen, trocken schütteln und fein hacken.

2 Das Öl in einem großen Topf erhitzen und die Zwiebel darin glasig dünsten. Dann die Kartoffeln, die Rinderbrühe und die Milch zugeben. Alles aufkochen, den Spinat und den Lauch ebenfalls zufügen und die Suppe ca. 45–60 Minuten köcheln lassen.

3 10 Minuten vor Ende der Garzeit die Hörnchennudeln zugeben. Sobald sie al dente sind, die Temperatur reduzieren und die Sahne unterrühren. Die Suppe sollte nun nicht mehr kochen, die Sahne sollte nur noch erhitzt werden. Zuletzt mit Salz, Pfeffer und, wer mag, mit Muskat abschmecken.

4 Je 3 EL Gruyère auf Suppenschüsseln verteilen und anschließend mit der heißen Suppe aufgießen. Alles mit der Petersilie bestreuen und sofort heiß servieren. Zur Soupe de Chalet reicht man Croutons und knuspriges Baguette.

REISEHAPPEN *Ich bin Nina und selbstständige Grafikerin und Webdesignern, Autorin, Reisejunkie, leidenschaftliche Köchin und Foodie, süchtig nach Tauchen und Snowboarden und ständig vom Fernweh geplagt. Nürnberg im schönen Franken ist meine Homebase. Den Großteil des Jahres reise ich jedoch mit Bus, Bahn, Flugzeug oder auch auf dem Frachtschiff durch die Welt und berichte unter anderem auf meinem Blog »reisehappen.de« über meine Reisen, ferne Länder und fremde Köstlichkeiten. Denn das Essen und Kochen ist neben dem Reisen und Fotografieren meine große Leidenschaft.*

reisehappen.de* Instagram *reisehappen* Facebook *reisehappen

Fertig in 45 min · Schwierigkeit: 1

Die Zubereitung dieser Kürbis-Mango Suppe geht schnell und ist supereinfach.

KÜRBIS-MANGO-SUPPE

ZUTATEN

Für 2 Personen

400 g Hokkaidokürbis
1 reife Mango
1 Zwiebel
30 g Margarine
½ TL Chiliflocken
4 Kaffirlimettenblätter
600 ml Gemüsebrühe
200 ml Kokosmilch
Salz
Pfeffer
¼ TL Ingwerpulver

ZUBEREITUNG

1 Den Kürbis entkernen und zerkleinern. Die Mango schälen, das Fruchtfleisch vom Kern schneiden und würfeln. Die Zwiebel schälen und grob würfeln.

2 Die Margarine in einem Topf zerlassen und die Zwiebel darin bei mittlerer Temperatur 5 Minuten andünsten. Kürbis, Chiliflocken sowie Kaffirlimettenblätter zufügen und 5 Minuten mit andünsten.

3 Die Gemüsebrühe dazugießen und alles 10 Minuten kochen lassen. Dann die Kokosmilch und drei Viertel der Mango zugeben und die Suppe weitere 10 Minuten kochen.

4 Die Kaffirlimettenblätter entfernen und die Suppe pürieren. Mit Salz, Pfeffer und Ingwer abschmecken, in tiefen Tellern anrichten und mit den übrigen Mangowürfeln bestreut servieren.

KOCHEN MIT DIANA *Mein Name ist Diana, ich wohne in Wien und betreibe seit fast zehn Jahren den Blog »Kochen mit Diana«. Die Liebe zum Kochen kam bei mir ziemlich spät, erst Mitte, Ende 20. Lange Zeit hatte ich mich eher ungesund ernährt, es gab oft Fertiggerichte und richtig gekocht wurde selten. Das hat sich in der Zwischenzeit geändert: Jetzt ist sind es die Fertiggerichte, die es selten gibt. Stattdessen liebe ich es, mit frischen Zutaten zu kochen, am liebsten regional und saisonal. Auf meinen Blog finden sich dazu viele unkomplizierte und schnelle Rezepte, die zum Nachkochen und Nachbacken anregen sollen.*

kochen-mit-diana.com kochen.mit.diana Kochen-mit-Diana-315129235239609 kochenmitdiana

ZUTATEN

Für 2 Personen

TALER
125 g Polenta mit getrockneten Pilzen
40 g Parmesan, gerieben
Butter zum Braten

SAUCE
200 g Pastinaken
1 Schalotte
1 Knoblauchzehe
Rapsöl zum Braten
1 Schuss Weißwein
125 ml Gemüsebrühe
100–150 ml Milch
1 EL Zitronensaft
Salz
Pfeffer
getrocknete Chilischote zum Abschmecken

KAROTTEN
1 große Karotte
20 g Butter
1 EL Honig (alternativ Agavendicksaft)

CHIPS
1–2 Handvoll Grünkohl
2 EL Rapsöl
1 Msp. Harissapulver

ZUBEREITUNG

1 Für die Taler 500 ml Wasser salzen und zum Kochen bringen. Die Polenta unter ständigem Rühren einrieseln lassen und bei niedrigster Temperatur 5–10 Minuten einrühren, bis sie sich angedickt vom Topfrand löst. Anschließend den Herd ausschalten, den Parmesan zufügen und alles weitere 5 Minuten quellen lassen.
Die Polentamasse auf einem mit Backpapier ausgelegten Brett/Backblech ca. 2 cm dick ausstreichen. Anschließend abkühlen lassen. Dann mit einer runden Ausstechform oder einem Glas Taler ausstechen. Etwas Butter erhitzen und die Taler darin von beiden Seiten goldbraun braten.

2 Für die Sauce die Pastinaken, die Schalotte und den Knoblauch schälen und in kleine Würfel schneiden. Die Schalotte und den Knoblauch in einem kleinen Topf in etwas Öl glasig dünsten. Die Pastinake zufügen und 2 Minuten mit anschwitzen. Alles mit dem Weißwein ablöschen und leicht köcheln lassen, bis der Alkohol verflogen ist.
Mit der Gemüsebrühe auffüllen und die Pastinaken ca. 15 Minuten bei geschlossenem Topf garen.
Anschließend die weich gegarten Pastinaken mit dem Pürierstab pürieren. Die Milch untermixen, sodass eine sämige Sauce entsteht. Noch einmal erhitzen und zum Schluss mit dem Zitronensaft, Salz, Pfeffer und etwas Chili abschmecken.

3 Für die Karotten die Karotte mit einem Sparschäler schälen und mit diesem in dünne Streifen hobeln. Die Butter in einer Pfanne erhitzen und die Streifen ca. 2 Minuten darin anschwitzen. Zuletzt den Honig (oder Agavendicksaft) zugeben und die Karotten karamellisieren.

4 Für die Chips den Backofen auf 180 °C Umluft vorheizen.
Den Grünkohl vom Strunk befreien.
Das Öl mit dem Harissapulver zu einer Marinade vermischen und den Grünkohl so damit beträufeln, dass alle Blätter benetzt sind. Die Blätter auf einem mit Backpapier ausgelegten Backblech verteilen und im Ofen auf der mittleren Schiene ca. 5 Minuten backen. Sobald die Blattränder anfangen dunkel zu werden, sind die Chips fertig. Alles zusammen anrichten und servieren.

POTTGEWÄCHS *Ich bin Katti und komme aus dem Pott, alias Ruhrpott, alias Ruhrgebiet. Auf meinem Blog »Pottgewächs« geht es um viel Herd und Seele, Heimatliebe und großes Gartenglück. In den Rezepten spielen saisonale und regionale Produkte eine große Rolle, genau wie die Liebe zum eigenen Anbau. So kann es vorkommen, das viele Lebensmittel aus meinem Garten in den Rezepten auftauchen und ich Tipps zur Verwertung gebe. Auch die Kulinarik im Ruhrgebiet findet hier seinen Platz: So stelle ich ab und an tolle Lokale aus der Gegend vor.*
pottgewächs.de pottgewaechs pottgewaechs pottgewaechs

Fertig in 40 min · Schwierigkeit: 1

Saisonal schmeckt's besser! Hier ist alles, was die Jahreszeit hergibt, in einem wundervollen Gericht vereint, das leicht, knusprig und cremig ist.

GRÜNKOHL-CHIPS, KARAMELLISIERTE KAROTTEN UND POLENTA-TALER AUF PASTINAKEN-SAUCE

Gefüllte Reispapierrollen mit Garnelen, Salat, Kräutern und Reisnudeln und dazu einen Erdnuss-Dip: frisch und gesund!

VIETNAMESISCHE SOMMERROLLEN MIT ERDNUSS-SAUCE

Fertig in 35 min

Schwierigkeit: 2

ZUTATEN

Für 2 Personen

SAUCE
1 Knoblauchzehe
1 Stück Ingwer, 1 cm lang
160 g Erdnussbutter
Saft von 1 Limette
2–3 EL Sojasauce
3 EL Ahornsirup
Chiliflocken nach Belieben

SOMMERROLLEN
100 g Reisnudeln (Bun Gao)
einige Blätter Kopfsalat
1 kleine Karotte
1 kleine Gurke
2–3 Frühlingszwiebeln
1 Bund frischen Koriander
Öl zum Braten
12 rohe Garnelen
1 TL Zucker
1 EL Fischsauce
8 Reispapierblätter

ZUBEREITUNG

1 Für die Sauce den Knoblauch und den Ingwer schälen und fein hacken. Zusammen mit den restlichen Zutaten für die Sauce in ein hohes Gefäß geben und mit dem Pürierstab gut durchmixen. Ist die Sauce zu dick, einfach ein wenig Wasser zufügen, bis die Sauce die gewünschte Konsistenz hat.

2 Für die Sommerrollen die Reisnudeln in eine Schüssel geben und mit kochendem Wasser übergießen. Wenn die Nudeln weich sind, abgießen und gut abtropfen lassen. Den Kopfsalat waschen, trocken tupfen und ggf. harte Blattrippen entfernen, sonst lassen sich die Sommerrollen später schlecht rollen. Die Karotte schälen und in dünne, ca. 6 cm lange Stifte schneiden. Die Gurke ebenfalls in feine, ca. 6 cm lange Stifte schneiden. Die Frühlingszwiebeln ebenso in feine Streifen schneiden. Den Koriander waschen, trocken schütteln und die Stängel entfernen.
Etwas Öl in einer Pfanne erhitzen und die Garnelen darin kurz von allen Seiten anbraten. Den Zucker zufügen und leicht karamellisieren lassen. Die Fischsauce ebenfalls zugeben und kurz einkochen lassen. Anschließend die Garnelenmischung beiseitestellen und abkühlen lassen.

3 Sind die Garnelen und die Nudeln abgekühlt, die Garnelen längs halbieren und die Reisnudeln in ca. 6 cm lange Stücke schneiden.

4 Eine flache Schüssel mit warmem Wasser befüllen und ein Reispapierblatt hineinlegen. Das Reispapier etwa 20 Sekunden sanft im Wasser drehen. Dann ist es so weich, dass es anschließend gut befüllt und gerollt werden kann. Es sollte sich nicht schleimig anfühlen, dann war das Reispapier zu lange im Wasser und reißt später beim Füllen und Rollen.

5 Nun das Reispapierblatt auf die saubere und glatte Arbeitsplatte oder auf ein Brettchen legen, Die Füllung parallel zu Dir in das untere Drittel des Reispapiers legen: Zunächst drei halbe Garnelen und etwas Koriander im unteren Drittel platzieren. Darauf etwas Salat, Reisnudeln, Gurken- und Karottenstifte und einige Streifen Frühlingszwiebeln verteilen.

6 Ein wenig Übung braucht's für das Rollen. Aber Du wirst sehen, es funktioniert mit jeder weiteren Sommerrolle besser und ist wirklich kein Hexenwerk. Schlage zunächst das untere Stück des Reispapierblattes nach oben über die Füllung, dann schlägst Du die Seitenteile des Reispapiers ein und rollst es zusammen mit der Füllung nach oben wie einen Wrap. Dabei kannst Du die Füllung ruhig etwas zusammenpressen und die Rolle schön fest aufwickeln. Umso fester und gleichmäßiger die Rollen sind, umso leichter lassen sie sich später essen. Sobald die Sommerrollen trocknen, klebt das Reispapier gut und die Rollen können nicht wieder aufgehen.
Wenn Du alle Sommerrollen auf die gleiche Weise befüllt und aufgerollt hast, diese auf hübschen Tellern platzieren. Dabei kannst Du die Sommerrollen entweder im Ganzen servieren oder diese diagonal halbieren und zusammen mit dem Erdnussdip anrichten.

reisehappen.de* *reisehappen* *reisehappen

Fertig in 10 min · Schwierigkeit: 1

Herrlich frisch und cremig: Labneh ist der beliebteste Frischkäse der Levante. Das Rezept ist super easy und schnell gemacht.

LABNEH – FRISCHKÄSE AUS DER LEVANTE

ZUTATEN

Für 400 g Frischkäse

500 g Joghurt (10 % Fett)
Salz

ZUBEREITUNG

1 Den Joghurt in ein Passiertuch geben und über Nacht über einer Schüssel im Kühlschrank abtropfen lassen.

2 Anschließend Labneh mit 1 Prise Salz mit einem Rührgerät cremig rühren und servieren. Klassisch wird Labneh mit einem guten Schuss Olivenöl und Zatar angerichtet.

BISTRO BADIA *Mein Name ist Rafik und ich bin ein Kind der 80er-Jahre. Seit Juni 2016 blogge ich als »Bistro Badia« über die Küche der Levante. Den Blog habe ich nach meiner Mutter benannt, der ich meine Leidenschaft fürs Kochen verdanke. Denn schon als Kind tobte ich in ihrer Küche herum und futterte alles weg, was nicht bei drei auf den Tellern lag. Wer auf Falafel, Hummus & Co. steht und Lust auf mehr hat, für den gibt es auf meinem Blog sehr viel zu entdecken.*
bistrobadia.de* Instagram *bistrobadia.de* Facebook *bistrobadia

Fertig in 1 h 5 min · Schwierigkeit: 2

All-in-One Brote sind dank der unkomplizierten und wenig anspruchsvollen Zubereitung ideal für Tage geeignet, an denen man wenig Zeit hat und trotzdem frisches Brot möchte.

ALL-IN-ONE WEIZENMISCHBROT

ZUTATEN

Für 1 Laib

50 g kalt gestelltes Anstellgut
100 g Roggenmehl Type 1150
200 g Weizenmehl Type 1050
175 g Weizenmehl Type 550 + mehr zum Bearbeiten
4 g frische Hefe
1 TL Zuckerrübensirup
Öl für die Schüssel

AUSSERDEM
Gärkörbchen

ZUBEREITUNG

1 Das Anstellgut mit 300 ml Wasser in der Schüssel einer Küchenmaschine gut verrühren. Die restliche Zutaten bis auf das Öl zugeben und alles 1 Minute auf langsamer und 5 Minuten auf höherer Stufe zu einem Teig verkneten.

2 Den Teig in eine leicht geölte Schüssel umfüllen und 4 Stunden bei Zimmertemperatur ruhen lassen. Anschließend die Luft herausdrücken und für 20–28 Stunden kalt stellen.

3 Den Teig ca. 2 Stunden vor Weiterverarbeitung aus dem Kühlschrank nehmen. Auf eine bemehlte Arbeitsfläche geben, mehrmals falten und anschließend rundwirken. Mit dem Schluss nach unten in ein bemehltes Gärkörbchen geben und abgedeckt ca. 1,5 Stunden zur Gare stellen.

4 Ca. 30 Minuten vor Ende der Gärzeit einen gusseisernen Topf mit Deckel in den Backofen stellen und beides auf 250 °C Ober-/ Unterhitze vorheizen. Den Topf nach 30 Minuten herausnehmen, den Teigling hineingeben, den Deckel aufsetzen und den Topf zurück in den Ofen stellen. Das Brot im vorgeheizten Ofen auf der untersten Schiene ca. 45 Minuten backen. Anschließend herausnehmen, abkühlen lassen und servieren.

homemade-baked.de *homemadeandbaked* *homemadeandbaked* *homemadebaked*

Fertig in 50 min. · Schwierigkeit: 2

Jeder kennt es, jeder liebt es: das griechische Pita-Brot (Fladenbrot). Hier verrate ich, wie man es perfekt zubereitet und ein Stück Griechenland auf den Esstisch zaubern kann.

BESTES GRIECHISCHES PITA-BROT

ZUTATEN

Für 4 Pita-Brote

250 g Weizenmehl + mehr zum Ausrollen
½ TL Meersalz
5 g Trockenhefe
1 TL Zucker
2 EL Olivenöl + 8 TL mehr zum Backen
Salz

ZUBEREITUNG

1 Das Mehl mit dem Salz, der Trockenhefe und dem Zucker in eine Schüssel geben und gut vermischen. 150 ml lauwarmes Wasser dazugießen und alles so lange zu einem Teig verkneten, bis dieser nicht mehr an den Händen klebt (der Teig ist hier noch relativ trocken!). Nach und nach 2 EL Olivenöl auf die Hände geben und in den Teig kneten. Den Pita-Teig dann in der Schüssel bei Zimmertemperatur 30 Minuten ruhen lassen.

2 Anschließend den Teig aufteilen, man rechnet pro Pita mit etwa 100 g Teig. Jedes Teigstück auf einer leicht bemehlten Arbeitsfläche mit einem Nudelholz 2–3 mm dick zu einer Pita ausrollen (die Dicke richtet sich nach Geschmack: je dünner, desto knuspriger wird die Pita, je dicker, desto fluffiger).

3 Wer vorhat, die Pita typisch griechisch zu belegen, sticht mit einer Gabel mehrere Löcher in die Pita; man sollte durch die Löcher durchsehen können (beim Backen schließen sich diese von alleine, sodass man die fluffige Pita ohne Probleme belegen kann).

4 Zunächst eine Pfanne bei hoher Temperatur aufheizen (da die erste Pita ansonsten zu lange backt und trocken wird). Dann jede Pita von beiden Seiten mit jeweils 1 TL Olivenöl bestreichen und nacheinander in der Pfanne von beiden Seiten bei mittlerer bis hoher Temperatur ca. 4 Minuten backen. Die Pita herausnehmen und sofort servieren.

RESIPIS *Wir sind Maria und Perry, aus Bietigheim-Bissingen, verheiratet und haben einen bezaubernden Sohn. Maria war von klein auf vom Kochen begeistert, besonders von Omas Garten in Griechenland voller Gemüse, Kräutern und was man damit alles Leckeres machen konnte. Durch die Nähe zum Meer hat sie früh gelernt, wie man Fisch und Meeresfrüchte richtig zubereitet. Perry durfte schon als Kleinkind Zeit mit den Großeltern auf Maisfeldern, im Weinkeller und der Orangenplantage in Portugal verbringen sowie bei der Ernte helfen. Durch die Tiere (Geflügel, Schweine, Kühe) hat er früh den respektvollen Umgang bei der Aufzucht sowie dem Schlachten erhalten. Diese unser beider Erfahrungen – und Rezepte! – haben wir in unserem Blog »Resipis« für unsere Leser zusammengeführt.*

resipis_ RESIPIS resipis_schnelle_rezepte Resipis

Fertig in 30 min · Schwierigkeit: 1

Diese wunderbare Galette ist schnell auf dem Tisch und einfach so hübsch. Auf einem Mürbeteig liegen, gebettet auf ein wenig Basilikumpesto, die schönsten Tomaten der Saison. Lecker!

TOMATEN-GALETTE

ZUTATEN

Für 4 Personen

MÜRBETEIG
130 g kalte Butter
200 g Mehl
2 Prisen Salz
etwas Wasser

BELAG
3 EL Basilikumpesto
3 große Tomaten nach Wahl (z. B Ochsenherztomaten und grüne Tomaten)
1 Handvoll Pinienkerne (alternativ Zedernkerne)
frisch gemahlener Pfeffer
frisch gemahlenes Salz
1 Eigelb

ZUBEREITUNG

1 Für den Mürbeteig den Backofen auf 160 °C Umluft vorheizen. Alle Zutaten für den Teig in den Gemüsezerhacker der Küchenmaschine (Multizerkleinerer) geben und zunächst auf hoher Stufe sehr krümelig vermengen. Auf mittlerer Stufe weiterkneten, bis sich eine Teigkugel gebildet hat. Dann ist der Teig ist fertig; das Gerät sofort ausschalten, sonst wird der Teig zu warm, die Zutaten vermengen sich zu sehr und alles »Mürbige« geht später verloren. Wer keine Küchenmaschine hat, arbeitet mit den Händen wie folgt: Die Butter in Stücken in das Mehl geben und dann mit den restlichen Zutaten schnell zu einem festen Teig verkneten.

2 Einen großen Teller mit Backpapier auslegen. Den Teig darauf flach drücken (so kühlt er schneller als zu einer Kugel geformt). Den Teig mit Frischhaltefolie oder einem Geschirrtuch abdecken und für ca. 20 Minuten kalt stellen.

3 Anschließend den Teig auf einem mit Backpapier ausgelegten Backblech zu einem ca. 30–35 cm großen Kreis ausrollen. Den Teig dünn mit Basilikumpesto bestreichen, dabei einen 5 cm breiten Rand freilassen. Die Tomaten vom Stielansatz befreien, quer in 6 mm dicken Scheiben schneiden und auf dem Pesto verteilen. Den Teigrand so über die Tomaten klappen, dass diese von oben gesehen ca. 3 cm damit bedeckt sind; dabei den Rand leicht wellenförmig oder »freestyle« nach Wunsch aufeinanderlegen. Die Tomaten mit den Pinienkernen sowie etwas Pfeffer und Salz bestreuen.

4 Das Eigelb verquirlen und den Teigrand damit bestreichen. Die Galette im vorgeheizten Ofen auf der 2. Schiene von unten ca. 30 Minuten backen, bis sie goldbraun ist. Anschließend herausnehmen und servieren. Beispielsweise rustikal auf einem Holzbrett, mit einem frischen grünen Salat mit einfachem Essig-Öl-Dressing oder mit frischen Basilikumblättern garniert.

SANDDORN & SEEGRAS *Ich bin Kathrin und mein nordischer Food-Blog »Sanddorn & Seegras« ist seit 2015 live. Als Ingenieurin bin ich nicht nur von PS-starken Küchengeräten begeistert, sondern auch von der kulinarischen Thermodynamik. Dabei erprobe ich in meiner Küche vor allem ehrliche, bodenständige Gerichte aus dem Norden. Denn meinen Jahresurlaub genieße ich meistens am Meer in Dänemark und bringe von dort immer neue Ideen für die Küche mit. Außerdem liebe ich die Natur und fotografiere sie deshalb leidenschaftlich gerne – genauso wie Essen.*
sanddornundseegras.de* Instagram *sanddornundseegras* Facebook *sanddornundseegras

Fertig in 20 min · Schwierigkeit: 1

Hummus: ein Dip, der alles kann! Ob auf Brot, mit Gemüse oder als Snack – dieser Dip aus Kichererbsen ist ein Multitalent. Schnell gemacht, mit wenigen Zutaten gemixt, bereichert diese Variante mit gebratenem grünen Spargel jeden Speiseplan.

ERBSEN-HUMMUS MIT GEBRATENEM GRÜNEN SPARGEL

ZUTATEN

Für 2 Personen

100 g TK-Erbsen
1 Dose Kichererbsen (Abtropfgewicht ca. 400 g)
500 g grüner Spargel
7 EL Pflanzenöl (z. B. Olivenöl)
Salz
Pfeffer
2 TL Tahini (Sesammus)
2 EL Zitronensaft
1 TL gemahlener Kreuzkümmel

ZUBEREITUNG

1 Wasser aufkochen und die Erbsen darin 1 Minute garen, durch ein Sieb abgießen und kalt abschrecken. Die Kichererbsen hinzugeben und ebenfalls kurz kalt abspülen.

2 Den Spargel von den holzigen Enden befreien. 2 EL Öl in einer großen Pfanne bei mittlerer Temperatur erhitzen und den Spargel darin bei geschlossenem Deckel ca. 10 Minuten anbraten. Mit Salz und Pfeffer würzen.

3 In der Zwischenzeit die Kichererbsen, die Erbsen, 5 EL Öl, Tahini, 1 große Prise Salz, den Zitronensaft, den Kreuzkümmel sowie 5 EL Wasser mit dem Pürierstab oder in der Küchenmaschine zu einer cremigen Hummusmasse pürieren.

4 Den Hummus zusammen mit dem gebratenen Spargel anrichten und servieren.

carry-on-cooking.com carryoncooking carryoncooking.blog carryoncooking123

VEGAN

Himmlisch lecker, verführerisch gut

HAUPTSPEISE

Vegetarisch 40
Fisch 76
Fleisch 94

Fertig in 40 min. · Schwierigkeit: 2

Dies ist ein schnelles und einfaches, laotisches Rezept für Kua – süß und gleichzeitig herrlich herzhaft.

KUA MEE – GEBRATENE NUDELN AUS LAOS

ZUTATEN

Für 4 Personen

NUDELN
2 Knoblauchzehen
1 Schalotte
2 Frühlingszwiebeln
Koriander zum Servieren
450 g Reisnudeln (Pho-Nudeln)
4 EL Pflanzenöl
150 g Zucker
2 TL Salz
2 TL Fischsauce
Sojabohnensprossen zum Servieren
Limettenachtel zum Servieren
geröstete ungesalzene Erdnusskerne zum Servieren (nach Belieben)

OMELETT
2 Eier
1 TL helle Sojasauce
schwarzer Pfeffer
2 EL Pflanzenöl

ZUBEREITUNG

1 Für die Nudeln den Knoblauch und die Schalotte schälen und fein würfeln. Die Frühlingszwiebeln in feine Ringe schneiden. Den Koriander waschen, trocken schütteln und grob hacken. Die Reisnudeln in eine große Schüssel geben, mit kochendem Wasser übergießen und ca. 15 Minuten gar ziehen lassen, dann in einem Sieb gut abtropfen lassen.

2 Für das Omelett die Eier mit der Sojasauce und etwas Pfeffer in einer Schüssel aufschlagen. 1 EL Öl in einer kleine Pfanne erhitzen und die Hälfte der Eimischung darin zu einem dünnen Omelett ausbacken. Anschließend die restliche Eimischung zu einem weiteren Omelett ausbacken. Die beiden Omeletts aufeinanderlegen, kurz abkühlen lassen, dann aufrollen und in dünne Streifen schneiden und beiseitestellen.

3 Für die Nudeln das Öl mit dem Zucker in einem Wok langsam unter Rühren bei niedriger Temperatur erhitzen, bis der Zucker zu karamellisieren beginnt. Wenn die Zucker-Öl-Mischung eine schöne goldbraune Farbe hat, Knoblauch und Schalotten zugeben und anbraten. 180 ml Wasser zufügen und das Karamell unter Rühren auflösen. Dann das Salz und die Fischsauce zufügen. Die Temperatur auf das Maximum erhöhen und die Reisnudeln in den Wok geben. Die Nudeln mit Stäbchen oder zwei Gabeln vorsichtig in der Sauce wenden, bis alle Nudeln mit der Sauce bedeckt sind, und ca. 2 Minuten anbraten.

4 Die Nudeln sofort auf Schüsseln verteilen und die Omelettstreifen, die Sprossen, die Frühlingszwiebeln und Limettenachtel darauf anrichten. Alles mit dem Koriander bestreuen. Wenn man mag, zuletzt einige grob gehackte Erdnüsse für den Extra-Crunch on top geben.

reisehappen.de *reisehappen* *reisehappen*

Fertig in 40 min · Schwierigkeit: 1

Schnitzel und Burger sind zwei Komponenten, die man so eigentlich nicht zusammenbringen würde. Sollte man aber unbedingt! Am besten mit jeder Menge frischer Zutaten wie Gurken, Tomaten und Zwiebeln wie hier in diesem Rezept.

VEGANER SCHNITZELBURGER

ZUTATEN

Für 1 Person

2 kleine Tomaten
Rucolablätter zum Belegen
1 Champignon
1 veganes Schnitzel
2 EL Sonnenblumenöl
Salz
Pfeffer
1 Brötchen nach Wahl
2 TL Hummus
2 TL geräucherte BBQ-Sauce
4 Rote-Zwiebel-Ringe
4 Salatgurkenscheiben
1 vegane Käsescheibe

ZUBEREITUNG

1 Die Tomaten von den Stielansätzen befreien und in Scheiben schneiden. Die Rucolablätter waschen und trocken tupfen. Den Champignon putzen, in Scheiben schneiden und mit dem Schnitzel in dem Öl anbraten. Beides nach Geschmack salzen und pfeffern.

2 Das Brötchen längs aufschneiden. Die untere Hälfte mit 1 TL Hummus, die obere mit 1 TL BBQ-Sauce bestreichen. Dann die untere Hälfte mit den Tomatenscheiben, etwas Rucola, den Champignonscheiben, dem Schnitzel, den Zwiebelringen, den Gurkenscheiben und dem Käse belegen, dabei dazwischen immer wieder etwas Hummus und BBQ-Sauce zugeben, bis beides aufgebraucht ist.

3 Zum Schluss den Brötchendeckel darauflegen und den Burger mit einem Holzspieß feststecken und servieren.

IHANA.LIFE *Ich bin Tanja, wohne in der Nähe von Stuttgart und arbeite als Redakteurin. Ich liebe es zu fotografieren, zu reisen und zu bloggen, mich für die Rechte der Tiere einzusetzen und den Menschen zu zeigen, wie einfach und bereichernd die vegane Lebensweise ist. Auf meinem Blogazine »ihana.life« sehen meine Leser, was mich bewegt, inspiriert, was mir schmeckt und was mir Spaß macht: Denn die vegane Welt ist eine spannende. Eine Welt voller Überraschungen, toller Menschen und Tiere, die eine Menge zu erzählen haben.*
ihana.life ***ihana_life*** ***ihana.life***

Fertig in 40 min · Schwierigkeit: 1

Der Eintopf ist leicht fruchtig durch die Tomaten, cremig durch die Kokosmilch und schön sämig dank der Linsen. Einfach perfekt!

VEGANER TOMATEN-LINSENEINTOPF

ZUTATEN

Für 2 Personen

250 g Belugalinsen
1 Zwiebel
2 Knoblauchzehen
3 EL Olivenöl
1 EL Tomatenmark
720 ml Wasser (alternativ Gemüsebrühe)
1 Dose stückige Tomaten
1 Dose Kokosmilch (400 ml)
Salz
Pfeffer
Paprikapulver

ZUBEREITUNG

1 Die Linsen in einem Sieb mit kaltem Wasser abspülen und abtropfen lassen. Die Zwiebel und den Knoblauch schälen, beides in kleine Würfel schneiden und in dem Öl glasig anschwitzen. Das Tomatenmark sowie die Linsen zugeben und kurz anbraten. Mit dem Wasser und den Tomaten ablöschen und alles ca. 20 Minuten köcheln lassen. Mit Salz, Pfeffer und Paprikapulver würzen.

2 Anschließend die Kokosmilch dazugießen und gut unterrühren. Alles mit dem Pürierstab ein paar Sekunden anpürieren – je nach gewünschter Konsistenz. Den Eintopf dann noch einmal ca. 5 Minuten köcheln lassen.

3 Den Eintopf nach Bedarf erneut mit den Gewürzen abschmecken und servieren. Zum Garnieren passen dazu frische Kräutern nach Wahl.

ihana.life *ihana_life* *ihana.life*

Fertig in 20 min · Schwierigkeit: 1

Ein veganes Pasta-Rezept, das ganz schnell auf dem Tisch steht und perfekt als Herbstgericht passt.

VEGANE PASTA MIT CASHEW-SAHNE-SAUCE UND PILZEN

ZUTATEN

Für 2 Personen

100 g Cashewnusskerne
1 Knoblauchzehe
Salz
Pfeffer
1 TL Gemüsebrühe-Pulver
1 TL Knoblauchpulver
150 g Pasta nach Wahl
80 g Champignons
2 EL Olivenöl zum Braten

ZUBEREITUNG

1 Die Cashewnüsse in einer Schüssel mit Wasser bedecken und einweichen. Den Knoblauch schälen. Anschließend beides mit 100 ml Wasser, je 1 Prise Salz und Pfeffer, dem Gemüsebrühe- und Knoblauchpulver zu einer cremigen Sauce pürieren (am besten im Standmixer).

2 Die Pasta je nach Sorte zwischen 7–10 Minuten kochen. Anschließend abgießen.

3 Die Pilze putzen, klein schneiden und in Öl anbraten. Die Cashewsauce zu den Pilzen geben und unterrühren. Die Sauce über die Nudeln geben und die Pasta servieren.

GENUSS DES LEBENS *Mein Name ist Janine und ich bin das Gesicht hinter dem Food-Blog »Genuss des Lebens«. Ende 2018 bin ich meiner Leidenschaft nachgegangen und habe meinen Blog sowie Instagram-Kanal gegründet. Seitdem teile ich dort viele vegetarische Gerichte aus meiner Küche. Die meisten Rezepte davon sind sehr gesund und beinhalten jede Menge frisches Gemüse – und das bevorzugt aus der Region. Ich möchte den Menschen zeigen, dass gesunde Ernährung Spaß machen kann und gewiss nicht fad und langweilig sein muss!*
genussdeslebens.de ***genussdeslebens*** ***genussdeslebens*** ***genussdeslebens***

Fertig in 30 min · Schwierigkeit: 1

Champignons gehören zum beliebtesten Speisepilz weltweit. Es gibt unzählige Varianten von Füllungen. Dieses leckere Rezept hat einen besonders pikanten Geschmack durch die Zugabe von Feta, Ricotta und Walnüssen.

GEFÜLLTE CHAMPIGNONS MIT SPINAT, WALNÜSSEN UND RICOTTA

ZUTATEN

Für 1 Person

400 g Champignons
1 Zwiebel
80 g frischer Blattspinat
80 g Walnusskerne
2 EL Olivenöl zum Braten
1 Handvoll Basilikum
1 Prise Knoblauchpulver
1 Prise Gemüsebrühe-Pulver
Salz
Pfeffer
80 g Ricotta
50 g Feta

ZUBEREITUNG

1 Die Champignons putzen. Die Zwiebel schälen. Den Spinat waschen und trocken tupfen. Die drei Zutaten sowie die Walnüsse separat klein schneiden. Das Öl in einer Pfanne erhitzen und die Hälfte der Champignons und die Zwiebel darin anbraten. Die Walnüsse untermischen und am Schluss den Spinat unterheben.

2 Das Basilikum waschen und trocken tupfen. Mit dem Knoblauch- und dem Gemüsebrühe-Pulver, je 1 Prise Salz und Pfeffer mit der Mischung in der Pfanne vermengen. Die Masse dann in einen Standmixer füllen. Den Ricotta und 30 g Feta zugeben und alles zu einer groben Masse pürieren.

3 Die Stiele der übrigen Champignons (200 g) entfernen und die Pilze mit der Masse füllen. Den restlichem Feta darüberbröckeln und die Champignons in einer Auflaufform verteilen. Im Backofen bei ca. 180 °C 15 Minuten backen. Anschließend herausnehmen und sofort servieren.

Fertig in 40 min · Schwierigkeit: 1

Nudeln sind lecker, schnell gemacht und schmecken immer. Für die Tomatensaison kommt dieses einfache Rezept für Pasta mit karamellisierten Ofentomaten genau richtig. Mit nur fünf Zutaten in knapp 40 Minuten gekocht, ist es perfekt für jeden Tag.

NUDELN MIT KARAMELLISIERTEN OFENTOMATEN

ZUTATEN

Für 3 Personen

800 g Tomaten (z. B. Cocktailtomaten)
3 EL Pflanzenöl (z. B. Olivenöl)
1–2 TL Zucker
Salz
Pfeffer
500 g Nudeln (z. B. Spaghetti)
1 Bund Basilikum

ZUBEREITUNG

1 Den Backofen auf 190 °C Umluft vorheizen und ein Backblech mit Backpapier auslegen.

2 Die Tomaten halbieren und mit der Schnittfläche nach oben auf das Backblech legen. Mit 1 EL Öl beträufeln und mit dem Zucker sowie Salz und Pfeffer bestreuen. Die Tomaten im vorgeheizten Ofen 30 Minuten karamellisieren, dabei die Ofentür zwei- bis dreimal öffnen, sodass der entstandene Wasserdampf entweichen kann.

3 In der Zwischenzeit die Nudeln zusammen mit 1 TL Salz nach Packungsanweisung kochen, anschließend in ein Sieb abgießen und mit kaltem Wasser gründlich abschrecken, damit sie nicht zusammenkleben. Die Nudeln wieder zurück in den Topf geben und mit dem restlichen Öl (2 EL) vermischen.

4 Das Basilikum waschen, trocken tupfen und grob hacken. Die Nudeln mit den Tomaten auf einem Teller anrichten, mit dem Basilikum bestreuen und servieren.

carry-on-cooking.com carryoncooking carryoncooking.blog carryoncooking123

Fertig in 30 min. · Schwierigkeit: 1

Lust auf ein schnelles Pfannengericht oder eine reichhaltige Beilage? Dann passt dieses Rezept perfekt. Übrigens auch dafür, Gemüseresten zu verwerten. Einfach als Grundrezept nehmen und nach Wunsch mit dem Gemüse ergänzen, das gerade übrig ist.

VEGANE COUSCOUS-GEMÜSEPFANNE

ZUTATEN

Für 4 Personen

2 rote Paprikaschoten
1 Bund grüne Bohnen
Petersilie (nach Belieben) zum Abschmecken
1 Bund Minze
1 Bund Frühlingszwiebeln
6 kleine Tomaten
2 Knoblauchzehen
Öl zum Braten
250 g Instantcouscous
300 ml Gemüsebrühe
Salz
Pfeffer
frisch gepresster Zitronensaft (nach Belieben) zum Abschmecken
Couscous-Gewürz (nach Belieben)

ZUBEREITUNG

1 Die Paprika entkernen und in mundgerechte Stücke schneiden. Die Enden der Bohnen entfernen und die Bohnen halbieren. Die Petersilie (falls verwendet) und die Minze waschen, trocken tupfen und fein hacken. Sowohl den weißen als auch den grünen Teil der Frühlingszwiebeln in Ringe schneiden und diese getrennt voneinander beiseitestellen. Die Tomaten vom Stielansatz befreien und das Fruchtfleisch vierteln. Den Knoblauch schälen und fein hacken.

2 Wasser in einem Topf zum Kochen bringen und die Bohnen darin in ca. 9 Minuten gar, aber nicht weich kochen.

3 Etwas Öl in einer Pfanne erhitzen und den Knoblauch sowie die weißen Frühlingszwiebelringe darin anbraten. Die Paprika zugeben und, nicht zu weich, mit anbraten.

4 Den Couscous und die Gemüsebrühe hinzufügen sowie Pfeffer und Salz (Achtung, die Brühe ist auch schon salzig). Den Deckel aufsetzen, die Temperatur auf ein Minimum reduzieren und den Couscous ca. 10 Minuten quellen lassen. Anschließend die Bohnen, die Tomaten, die grünen Frühlingszwiebelringe und die Minze untermischen. Zuletzt ggf. mit Zitronensaft, Petersilie und Couscous-Gewürz abschmecken.

5 Die Couscous-Pfanne lauwarm servieren. Entweder als ein veganes Hauptgericht (oder mit einem Minzjoghurt als ein vegetarisches) oder als Beilage zu einem Lammkotelett.

sanddornundseegras.de ***sanddornundseegras*** ***sanddornundseegras***

VEGAN

VEGAN

Fertig in 25 min · Schwierigkeit: 1

Der aromatische Curryeintopf mit Kürbis, Linsen und Spinat ist für Vegetarier und Veganer absolut empfehlenswert, aber nicht nur für die: Er schmeckt einfach super. Ein fantastisches Soulfood-Gericht!

VEGANER KÜRBIS-LINSEN-CURRYEINTOPF

ZUTATEN

Für 3 Personen

500 g kleiner Hokkaidokürbis
2 Karotten
1 kleines Stück Knollensellerie
1 Knoblauchzehe
1 kleines Stück Ingwer
1 Zwiebel
2 EL Olivenöl
2 EL Currypaste
1 Dose gehackte Tomaten (400 g)
1 Dose Kokosmilch (400 ml)
400 ml Gemüsefond
200 g braune Linsen
200 g Blattspinat
Salz
Pfeffer

ZUBEREITUNG

1 Den Kürbis entkernen und in gleich große Würfel schneiden. Die Karotten und den Sellerie schälen und ebenfalls in gleich große Stücke schneiden. Den Knoblauch, den Ingwer und die Zwiebel schälen und würfeln.

2 Das Olivenöl in einem Topf erhitzen und die Zwiebel-, Knoblauch- und Ingwerwürfel darin 1–2 Minuten anbraten. Dann die Kürbis- und Karottenwürfel und die Currypaste zugeben und weitere 5 Minuten mitbraten. Die Mischung mit den gehackten Tomaten, der Kokosmilch und dem Gemüsefond ablöschen und den Eintopf 20 Minuten leicht köcheln lassen, dabei gelegentlich umrühren.

3 Währenddessen in einem weiteren Topf die Linsen nach Packungsanweisung garen. Anschließend abgießen und nach dem Ende der Garzeit des Curryeintopfs diesem zugeben und unterrühren.

4 Den Spinat waschen, trocken tupfen und ebenfalls unterrühren. Den Eintopf mit Salz und Pfeffer abschmecken und servieren.

DIE SONNTAGSKÖCHIN *Ich bin Katrin, lebe in Berlin und betreibe seit Mai 2015 einen kleinen Food-Blog mit dem Namen »die Sonntagsköchin«. Dort lasse ich meiner Leidenschaft für das Kochen, Backen und Fotografieren freien Lauf. Neben einigen Torten und herzhaften Snacks liegt mein Augenmerk auf Rezepten, die einfach und schnell zubereitet werden können. Quick & easy sozusagen, denn als berufstätige Mutter muss es hin und wieder schnell gehen und darf trotzdem lecker sein. Und da ich aus einer kochbegeisterten Familie komme, teile ich auf dem Blog außerdem viele Familienrezepte, die ich auch mal ganz neu adaptiert habe.*

diesonntagsköchin.com die_sonntagskoechin DieSonntagskoechin thesundaycook

Fertig in 1 h 20 min · Schwierigkeit: 1

Mein absoluten Lieblingsessen: echtes Soulfood! Noch dazu ist es basisch und damit supergesund. Ich liebe eine Reise in die orientalische Küche! Viele Rezepte sind dort mit Bulgur, der aber aus Weizen ist und daher nicht basisch. Hier eine Alternative, die man auch im Rahmen einer basischen Ernährung genießen kann, die aber dem Original in nichts nachsteht. Dazu gibt es Blumenkohl aus dem Ofen – ab da will man Blumenkohl nur noch so zubereitet essen, das verspreche ich!

BLUMENKOHLSCHEIBEN MIT ORIENTALISCHEM QUINOA-SALAT

ZUTATEN

Für 2 Personen

1 Blumenkohl
Öl zum Backen
Salz
200 g Quinoa
125 g Karotten
75 g Tomaten
¼ Salatgurke
Abrieb von ½ Bio-Zitrone
1 TL Currypulver
Pfeffer
1 EL Ahornsirup
4 EL Tomatenmark
110 g Kichererbsen aus dem Glas (Abtropfgewicht)
3 EL naturtrüber Apfelessig

ZUBEREITUNG

1 Den Backofen auf 200 °C Unter-/Oberhitze vorheizen. Den Blumenkohl in ca. 1 cm dicke Scheiben schneiden. Die Scheiben auf einem mit Backpapier ausgelegten Backblech verteilen, mit Öl bestreichen, mit Salz würzen und im vorgeheizten Ofen 25–35 Minuten backen.

2 Die Quinoa heiß waschen, in 400 ml Wasser zum Kochen bringen und bei niedriger Temperatur ca. 20 Minuten garen.

3 Die Karotten schälen und die Tomaten vom Stielansatz befreien. Beides sowie die Gurke in ganz feine Stücke (max. 0,5 cm groß) schneiden.

4 Die fertig gekochte Quinoa kalt abspülen, in eine Schüssel umfüllen und das vorbereitete Gemüse zugeben. Den Zitronenabrieb mit dem Curry, Pfeffer, dem Ahornsirup und dem Tomatenmark zugeben und alles gründlich vermischen.

5 Die Blumenkohlscheiben und den Salat auf einem Teller anrichten und sofort servieren. Oder später: Der Salat lässt sich z. B. super für eine Gartenparty vorbereiten.

BASISCH LECKER *Ich heiße Anne und bin begeistert von der basischen Ernährung. Für mich ist es die ganzheitliche Grundlage eines gesunden Lebensstils. Seit 2015 kreiere ich deshalb meine eigenen basischen Rezepte. Seit 2016 veröffentliche ich diese und weiteres Wissen zur basischen Ernährung unter dem Namen »Basisch Lecker« in meinen eigenen Apps. Bisher konnte »Basisch Lecker« über 100000 App-Downloads generieren – Tendenz weiterhin steigend. Für mich ein tolles Zeichen und Bestätigung, das Ernährungskonzept weiter in die Welt zu tragen. Neugierig, was die basische Ernährung ist? Einfach »Basisch Lecker« im Netz besuchen.*

basisch-lecker.de ***basisch.lecker***

Petromax

Fertig in 2 h · Schwierigkeit: 1

Diese fluffigen Kürbisbuchteln machen richtig Lust auf Herbst – einfach zuzubereiten und mit ein bisschen Geduld absolut gelingsicher!

KÜRBISBUCHTELN MIT PFLAUMENMUS AUS DEM DUTCH OVEN

ZUTATEN

Für 4 Personen

80 ml Milch
½ Würfel frische Hefe
50 g Butter
70 g brauner Rohrzucker
500 g Weizenmehl Type 405
Salz
300 g Kürbispüree (aus dem Glas)
1 Ei
12–20 TL Pflaumenmus (aus dem Glas)

AUSSERDEM
Dutch Oven

ZUBEREITUNG

1 Die Milch lauwarm erhitzen und die Hefe, die Butter und den Zucker darin auflösen. Den Topf vom Herd nehmen und ca. 5 Minuten stehen lassen. In der Zwischenzeit das Mehl mit 1 TL Salz vermengen. Das Kürbispüree und das Ei hinzufügen und alles mit der lauwarmen Milch vermengen, bis ein homogener Teig entstanden ist. Den Teig ca. 10 Minuten gründlich so lange kneten, bis er schön elastisch geworden ist. Anschließend 30–45 Minuten abgedeckt an einem warmen Ort gehen lassen, bis sich sein Volumen knapp verdoppelt hat.

2 Den Dutch Oven so mit Backpapier auslegen, dass der Rand ebenfalls ca. 5–7cm hoch damit bedeckt ist.

3 Den Teig nach der Ruhephase in ca. 12–14 gleich große Teiglinge aufteilen. Die Teiglinge mit der Hand ca. 0,5–1 cm dick und in einem Durchmesser von 7–10 cm rund ausbreiten. In die Mitte jedes Teiglings 1–1,5 TL Pflaumenmus geben. Den Teig von den Seiten her einschlagen und mit den Fingerspitzen zusammendrücken, sodass sich eine fest geschlossene Kugel ergibt. Die Teiglingkugeln mit der zusammengedrückten Seite nach unten mit ca. 2–3 cm Abstand zueinander in den Dutch Oven setzen und ca. 30–45 Minuten im Dutch Oven an einem warmen Ort gehen lassen.

4 Anschließend zwischen Dutch Oven und Backpapier ca. 50 ml Wasser gießen und den Dutch Oven auf die Feuerstelle setzen, dabei darauf achten, dass nicht zu viel Unterhitze anliegt. Den Dutch Oven mit 5–6 Kohlebriketts unten und 8–12 oben auf ca. 170 °C aufheizen und die Teiglinge darin ca. 25–30 Minuten backen, dabei nach 5 Minuten Backzeit kurz den Deckel auf einer Seite anheben, damit der entstandene Dampf entweichen kann. Dann die Buchteln weitere 20–25 Minuten backen, bis sie goldbraun sind und die Stäbchenprobe problemlos gelingt. Anschließend herausnehmen und sofort servieren.

CAMPINGDELICOUSLY *Ich heiße Henning. Seit meiner Kindheit bin ich als Camper unterwegs, seit 2019 mit Dachzelt. Bei den Reisen stehen für mich als gelernter Koch sowohl die kulinarischen Besonderheiten fremder Regionen im Vordergrund, als auch unterwegs trotz minimalem Küchenequipment leckeres Essen auf den Tisch zu bringen. Vor allem das Kochen auf offenem Feuer, mit Dutch Oven & Co fasziniert mich dabei – die besondere Herausforderung liegt für mich darin, Rezepte, die in der heimischen gut ausgestatteten Küche funktionieren, möglichst ohne Qualitätsabstriche für die Zubereitung auf dem offenen Feuer umzumünzen.*
campingdeliciously.com ***campingdeliciously***

Fertig in 1 h · Schwierigkeit: 1

Die Pasta ist schnell und einfach gemacht. Und schmeckt in Kombination mit Kürbis, Zucchini und knusprigen karamellisierten Zwiebeln wunderbar.

PASTA MIT KÜRBIS, ZUCCHINI UND KARAMELLISIERTEN ZWIEBELN

ZUTATEN

Für 3 Personen

Salz
200 g Mezzi Rigatoni (Pasta)
1 kleine weiße Zwiebel
1 Knoblauchzehe
2 frische Rosmarinzweige
3 EL Olivenöl
Pfeffer
4 Pimentkörner, gemahlen
frisch geriebene Muskatnuss
Zeste 1 Bio-Orange
Rohrzucker
2 EL Gin
4 EL Weißwein
1 Zucchini
½ Hokkaidokürbis
20–30 g Cheddar-Käse
100 g Sahne
150 g grüne TK-Erbsen, aufgetaut
Rauchsalz
karamellisierte Zwiebeln zum Servieren

ZUBEREITUNG

1 Wasser in einem großen Topf zum Kochen bringen, salzen und die Pasta darin al dente garen.

2 In der Zwischenzeit die Zwiebel und den Knoblauch schälen. Den Rosmarin waschen und trocken tupfen. Alle drei Zutaten hacken. Das Öl in einem Topf erhitzen und die Zwiebel sowie den Knoblauch darin anbraten. Pfeffer, den Piment, den Rosmarin, Muskatnuss, die Orangenzesten und 1 Prise Rohrzucker zugeben und kurz mit anrösten. Dann mit dem Gin und dem Weißwein ablöschen. 100–150 ml Wasser erhitzen und zugeben. Die Sauce vorsichtig salzen (dabei bedenken: Käse und Pasta-Kochwasser enthalten bereits Salz).

3 Die Zucchini und den Kürbis entweder in kleine Stücke schneiden und/oder mit dem Sparschäler in Streifen. Die Kürbisstücke in die Sauce geben und so lange dünsten, bis die gewünschte Konsistenz erreicht ist. Kurz vor Garende den Cheddar reiben und unterrühren. Anschließend die Sauce vom Herd nehmen und die Zucchini zugeben.

4 Die fertig gegarte Pasta abgießen und mit der Sauce vermengen. Zuletzt die Erbsen unterrühren. Die Pasta auf Tellern anrichten, mit karamellisierten Zwiebeln garnieren und servieren.

KLARASLIFE *Auf meinem Blog »Klaraslife« zeige ich vegetarische und vegane Rezepte. Meine Leidenschaft ist die Foodfotografie und Rezeptentwicklung. Beides gehört für mich einfach zusammen, denn das Auge isst ja sprichwörtlich mit. Ich liebe es köstliche Speisen zu dekorieren, zuzubereiten und diese natürlich auch den BetrachterInnen ästhetisch zu präsentieren. Dazu mache ich gerne gute und ansprechende Fotos von Lebensmitteln, Naturprodukten und von Speisen.*
klaraslife.com ***klaraslife***

Fertig in 20 min · Schwierigkeit: 1

In unserer Tagliatelle mit Ziegenkäse und Feigen kommen herzhafte und süße Aromen wunderbar zur Geltung. Die Kombination von Feigen und Ziegenkäse ist ja quasi ein Klassiker. Für ein wenig Biss sorgen geröstete Walnüsse. Wer mag, kann das Gericht noch ein wenig mit hochwertigem Honig verfeinern.

TAGLIATELLE MIT ZIEGENKÄSE UND FEIGEN

ZUTATEN

Für 4 Personen

400 g Tagliatelle
Salz
100 g Walnusskerne
4–6 frische Feigen
1 EL Butter
150 g milder Ziegenfrischkäse
Pfeffer
1–2 TL Honig (nach Belieben)
einige Zweige Rosmarin

ZUBEREITUNG

1 Ausreichend Wasser in einem Topf erhitzen, salzen und die Tagliatelle darin bissfest kochen. Anschließend eine Kelle Nudelwasser zurückbehalten und die restlichen Nudeln abtropfen lassen.

2 Die Walnüsse grob hacken und die Feigen in Viertel schneiden. Die Butter in einer großen Pfanne erhitzen und die Walnüsse darin kurz anbraten. Dann die Feigen zugeben und kurz erhitzen.

3 Die Tagliatelle, den Ziegenfrischkäse sowie etwas Nudelwasser zufügen, alles gut vermengen und erneut erhitzen. Zuletzt mit Salz und Pfeffer abschmecken.

4 Den Rosmarin waschen und trocken tupfen. Die Tagliatelle-Ziegenkäse-Feigen-Pfanne auf Tellern anrichten, mit dem Rosmarin garnieren und servieren.

SAVORY LENS *Essen, Reisen und Fotografie sind unsere große Leidenschaft, die wir gerne mit unseren Lesern auf »SavoryLens« - unserem Food- & Travel-Blog - teilen. Dort veröffentlichen wir seit 2016 Kulinarisches aus aller Welt sowie informative Reiseberichte. Dahinter stehen wir - Gaby & Christian - seit über 10 Jahren verheiratet und irgendwo zwischen New York, London und Frankfurt daheim. Wir möchten unsere Leser mit unseren Bildern und Gerichten für andere Länder und Kulturen begeistern und fremde Köstlichkeiten auf heimische Teller bringen. Aber auch die regionale und saisonale Küche kommt bei uns nicht zu kurz.*
savorylens.com savorylens savorylens

Fertig in 50 min · Schwierigkeit: 1

Eine cremige »Mac-and-Cheese«-Sauce, verfeinert mit Kürbis, Zimt und wer mag mit veganem Parmesan – wärmt wunderbar von innen an kalten Herbsttagen.

KÜRBIS-»MAC AND CHEESE«

ZUTATEN

Für 3 Personen

300 g Dinkelhörnchennudeln
300 g Hokkaidokürbis
100 g Cashewnusskerne
2 EL Hefeflocken
1 TL Kurkumapulver
1 ½ TL Paprikapulver
½ TL gemahlener Zimt
50 ml pflanzliche Sahne
100 ml Wasser (alternativ Gemüsebrühe)
Salz
Pfeffer
Basilikumblätter zum Servieren (nach Belieben)
geriebener veganer Parmesan zum Garnieren (nach Belieben)

ZUBEREITUNG

1 Die Pasta nach Packungsanweisung gar kochen und anschließend abgießen.

2 Den Kürbis entkernen und in kleine Stücke schneiden. Mit wenig Wasser und den Cashewnüssen in einem Topf in ca. 15–20 Minuten weich garen.

3 Anschließend den Kürbis und die Cashewnüsse mit den Hefeflocken, der Kurkuma, dem Paprikapulver, dem Zimt, der Sahne und 100 ml Wasser in den Standmixer geben und zu einer cremigen Sauce pürieren.

4 Die Pasta mit der Sauce in einer Pfanne mischen und erhitzen. Mit Salz und Pfeffer würzen, nach Belieben mit etwas Basilikum und veganem Parmesan garnieren und servieren.

DELICIOUSLY VEGGIE *Backfanatisch, reisefreudig und tierlieb – das sind wohl die drei Eigenschaften, die mich, Corinna, am besten beschreiben. Wenn ich nicht gerade in der Küche experimentiere und an neuen Rezepten für meinen Blog und meine Backbücher arbeite, findet ihr mich entweder auf einem Berggipfel oder unter Wasser am Meer. Ich liebe es, die Welt zu bereisen und in fremde Kulturen einzutauchen. Da lasse ich mich auch gerne kulinarisch inspirieren und finde immer wieder neue Ideen für Backkreationen. Eine große Leidenschaft von mir ist auch die Fotografie, sowohl hinter als auch vor der Kamera. Und ich bin stolze »Mama« von den beiden süßesten Katern der Welt, die ich von hinten bis vorne verwöhne.*

deliciouslyveggie.com* *corinna.schober* *deliciously.veggie

VEGAN

Fertig in 30 min · Schwierigkeit: 1

Schnelle Veggie-Gnocchi-Pfanne mit Rucola-Pesto, Artischocken, Weißwein-Sahnesauce und Mozzarella – eine perfekte Kombination!

CREMIGE WEISSWEIN-PESTO-GNOCCHI

ZUTATEN

Für 4 Personen

PESTO
2 EL Pinienkerne
2 kleine Knoblauchzehen
50 g Parmesan
40 g Rucola
80 ml Olivenöl
Salz
Pfeffer
Zucker
½ TL Abrieb einer Bio-Zitrone

GNOCCHI
1 kleine Zwiebel
240 g Artischockenherzen (aus der Dose; Abtropfgewicht)
1 Kugel Büffelmozzarella (alternativ normaler Mozzarella)
30 g Parmesan
Olivenöl zum Braten
500 g Gnocchi
½ EL Butter
100 ml Weißwein
150 g Sahne
¼ TL Chiliflocken
½ TL getrockneter Oregano
Salz
Pfeffer
1 Handvoll Rucola
etwas Abrieb 1 Bio-Zitrone

ZUBEREITUNG

1 Für das Pesto die Pinienkerne in einer kleinen Pfanne ohne Fett etwas anrösten. Den Knoblauch schälen und grob würfeln, den Parmesan ebenfalls grob würfeln. Den Rucola waschen, trocken tupfen und mit Olivenöl, Knoblauch, Parmesan und Pinienkernen in einem Mixer (alternativ mit dem Pürierstab) zu einem cremigen Pesto verarbeiten. Mit Salz, Pfeffer, 1 Prise Zucker und dem Zitronenabrieb abschmecken.

2 Für die Gnocchi die Zwiebel schälen und fein hacken. Die Artischockenherzen in nicht zu feine Stücke schneiden. Den Mozzarella in dünne Scheiben schneiden. Den Parmesan reiben.

3 Etwas Olivenöl in einer Pfanne erhitzen und die Chiliflocken, den Oregano und die Zwiebelwürfel darin ca. 2–3 Minuten anschwitzen. Die Gnocchi mit der Butter zugeben und unter gelegentlichem Umrühren bei mittlerer Temperatur ca. 5 Minuten anbraten.

4 Anschließend mit dem Weißwein ablöschen, die Sahne sowie die Artischocken zufügen und alles ca. 3–5 Minuten köcheln lassen, bis die Sauce leicht eindickt. Dann ca. 1,5 EL Rucola-Pesto und den Parmesan gut unterrühren. Die Mischung leicht salzen, pfeffern und ca. 1 Minute weiterköcheln lassen.

5 Die Mozzarellascheiben auf den Gnocchi verteilen, den Deckel aufsetzen und alles ca. 3 Minuten überbacken, bis der Käse geschmolzen ist (alternativ, wenn kein Deckel vorhanden ist, die Pfanne – falls sie feuerfest ist – in den auf 140 °C vorgeheizten Backofen stellen und die Mischung darin ca. 3–5 Minuten überbacken, bis der Käse schön zerläuft).

6 Den Rucola waschen und trocken tupfen. Die Gnocchi-Pfanne damit sowie mit dem Zitronenabrieb garnieren und servieren.

stilettosandsprouts.de *stilettosandsprouts* *stilettosandsprouts.de* *stilettosandsprouts*

Fertig in 50 min. · Schwierigkeit: 2

Die Wirsingrouladen sind vegetarisch gefüllt mit Pilzen, Hafergrütze, Datteln und Walnüssen. Man kann sie z. B. auf Selleriecreme betten – eine leckere Kombi.

VEGETARISCHE WIRSINGROULADEN

ZUTATEN

Für 3 Personen

Salz
6 große Wirsingblätter
1 Karotte
1 Zwiebel
100 g Champignons
3 Zweige Thymian
Öl zum Braten (alternativ Butter)
100 g Hafergrütze
150 ml Gemüsefond (alternativ Wasser)
1 Handvoll Walnusskerne
6 Datteln
African-Gewürzsalz (z. B. von Goja)
frisch gemahlener Pfeffer
25 g Butter

ZUBEREITUNG

1 Wasser in einen großen Topf zum Kochen bringen, salzen und die Kohlblätter darin 1–2 Minuten kochen, sodass sie etwas weich werden.

2 Die Karotte und die Zwiebel schälen. Die Champignons putzen. Alle drei Zutaten sehr fein hacken. Den Thymian waschen und trocken tupfen. Das Öl in einer Pfanne erhitzen und Karotte, Zwiebel und Pilze darin braten, bis sie ganz weich sind. Die Thymianzweige entfernen.

3 Die Hafergrütze in 100 ml Gemüsefond in ca. 10 Minuten weich köcheln lassen. Die Nüsse und Datteln fein hacken. Karotte, Zwiebel, Pilze, Grütze, Nüsse und Datteln zu einer Füllmasse vermengen und mit dem Gewürzsalz und Pfeffer abschmecken.

4 Die Füllung auf den Kohlblättern verteilen, die Blätter einrollen und den harten Stil ggf. mit Küchengarn zusammenbinden, damit keine Füllung herausquillt. Die Päckchen in eine ofenfeste Form legen, restlichen Gemüsefond und Butter zugeben und die Rouladen bei 200 °C ca. 20–30 Minuten backen.

5 Die Rouladen herausnehmen und servieren, z. B. auf Selleriecreme, die schmeckt super dazu.

PIAS DELI *Ich bin Pia und lebe, esse und koche hauptsächlich in Hamburg. Wann immer möglich, reise ich und entdecke und genieße mit allen Sinnen fremde Länder und Kulturen. Ob mit dem Rucksack durch Asien, zu Fuß auf den Kilimandscharo oder auf dem Motorrad durch Italien, ich liebe Abenteuer und neue Herausforderungen. Ich möchte meine Leser für gutes Essen und nachhaltige Lebensmittel begeistern. Meine Rezepte sind meist einfach und schnell umzusetzen, da insbesondere unter der Woche wenig Zeit zum Kochen bleibt. Und jetzt, da ich Mutter des süßesten kleinen Mädchens der Welt geworden bin, kommen bevorzugt gut vorzubereitende Schmorgerichte auf den Tisch.*
piasdeli piasdeli piasdeli PiasDeli

Fertig in 40 min · Schwierigkeit: 1

Ein schnell gemachtes, leckeres Gericht, perfekt für die Feierabendküche und an heißen Sommertagen.

SCHAFSKÄSE AUS DEM OFEN MIT GEMÜSE UND KARAMELLISIERTEN ZWIEBELN

ZUTATEN

Für 2 Personen

2 rote Zwiebeln
1 EL Olivenöl + mehr zum Beträufeln
etwa 4 EL Traubenzucker
2 EL Rotweinessig
2 Pck. Schafskäse à 200 g
1 gelbe Paprikaschote
1 Zucchini
2 Tomaten
Salz
Pfeffer
4 Zweige frischen Rosmarin zum Bestreuen
einige Blätter frischen Basilikum zum Bestreuen
1 Chilischote (nach Belieben)

ZUBEREITUNG

1 Die Zwiebeln schälen, halbieren und in feine Scheiben schneiden. Das Olivenöl in einem Topf erhitzen und die Zwiebeln darin andünsten. Den Traubenzucker und Rotweinessig untermischen und alles mindestens 10 Minuten köcheln lassen.

2 Den Backofen auf 175 °C vorheizen. Den Schafskäse in eine Auflaufform (oder, noch schöner, in zwei kleine, so kann man jedem eine eigene Form servieren) setzen.

3 Die Paprika entkernen. Die Zucchini, die Paprika und die Tomaten in dünne Scheiben schneiden, dabei die Stielansätze der Tomate entfernen. Wer möchte, zerkleinert eine Chillischoten für etwas Schärfe.

4 Das Gemüse um den Schafskäse herum in die Form geben und alles mit Salz und Pfeffer würzen. Die Zwiebeln darauf verteilen, etwas Rosmarin und Basilikum darüberstreuen und mit etwas Olivenöl beträufeln. Alles im vorgeheizten Ofen ca. 20 Minuten backen.

5 Herausnehmen und ganz heiß oder lauwarm servieren, am besten mit ein paar Scheiben Weißbrot.

NINAMANIE *Ich heiße Martina – in meiner Familie habe ich den Spitznamen Nina – daher heißt mein Blog auch ninamanie. Ich bin 40+, komme aus Franken und lebe in einer Beziehung. Zum Bloggen bin ich zufällig gekommen, durch eine ehemalige Kollegin und Freundin. Sie hatte gleich erkannt, dass ich damit zwei meiner Leidenschaften und Interessen verbinden kann: Kochen/Backen und Fotografieren. Für mich ist das ein toller Ausgleich zu meinem Berufsalltag. In erster Linie ist mein Blog ein Foodblog, das heißt ich blogge in der Regel Rezeptideen. Meine Rezepte sind meist einfach – ich mag die schnelle, unkomplizierte und dennoch leckere Küche. Alle Rezepte sind laktosefrei oder laktosereduziert, da ich selbst laktoseintolerant bin. Was mir wichtig ist: Saisonalität und so weit es geht auch Regionalität. Aber natürlich gibt es auch mal Ausnahmen. Gerne schreibe ich auch über Kochbücher und hin und wieder gibt es (kulinarische) Reisetipps.*

ninamanie.com* *martina_ninamanie

Fertig in 40 min · Schwierigkeit: 1

Ein Auflauf, der super köstlich ist – und dazu auch noch Low Carb!

LOW CARB ZUCCHINI-ROMANESCO-GRATIN

ZUTATEN

Für 2 Personen

½ Romanesco
1 Zucchini
1 dünne Stange Lauch
100 g gekochter Schinken
Olivenöl als Dressing
Salz
Pfeffer
einige Zweige Oregano
einige Zweige Thymian
3 Eier
150 g Sahne
1 TL Dijonsenf
50 g geriebener Parmesan
Chilipulver
1 Scheibe Bergkäse

ZUBEREITUNG

1 Den Backofen auf 200 °C vorheizen.

2 Den Romanesco in kleine Röschen abteilen. Die Zucchini in schmale Scheiben, den Lauch in feine Ringe schneiden. Den Schinken in Würfel schneiden. Alles mit etwas Olivenöl, Salz und Pfeffer mischen.

3 Die Kräuter waschen, trocken tupfen, hacken und untermischen. Die Gemüse-Schinken-Masse in einer Auflaufform verteilen.

4 Die Eier mit der Sahne, dem Senf und dem Parmesan verquirlen. Dann mit Salz, Pfeffer und etwas Chilipulver würzen. Die Mischung über die Gemüsemasse geben. Den Bergkäse zerpflücken und darüberstreuen.

5 Das Zucchini-Romanesco-Gratin im vorgeheizten Ofen ca. 30 bis 40 Minuten überbacken. Anschließend herausnehmen und sofort servieren.

ninamanie.com *martina_ninamanie*

Fertig in 35 min · Schwierigkeit: 1

Ein schnelles und leckeres Gericht für Herbst und Winter!

TAGLIATELLE MIT OFENKÜRBIS-LAUCH-CREME

ZUTATEN

Für 2 Personen

1 kleiner Hokkaidokürbis
1 Stange Lauch
Salz
Pfeffer
frisch geriebene Muskatnuss
Olivenöl zum Beträufeln und Frittieren
einige Rosmarinnadeln
250 g Tagliatelle (am besten frisch aus dem Kühlregal)
50 g Sahne
Salbeiblätter zum Bestreuen
Gorgonzola zum Bestreuen
Kürbiskerne zum Bestreuen
Kürbiskernöl zum Beträufeln

ZUBEREITUNG

1 Den Backofen auf 180 °C vorheizen. Den Kürbis halbieren, entkernen, in dünne Scheiben schneiden und ein paar Scheiben beiseitestellen, den Rest würfeln. Den Lauch in Ringe schneiden. Die Kürbiswürfel und Lauchringe in einer Auflaufform verteilen und mit Salz, Pfeffer sowie etwas Muskatnuss würzen. Mit Olivenöl beträufeln, Rosmarinnadeln zufügen und alles gut vermengen. Die beiseitegestellten Kürbisscheiben auf die Masse legen, salzen, pfeffern und ebenfalls mit Olivenöl beträufeln. Das Gemüse im vorgeheizten Ofen ca. 15–20 Minuten backen. Sobald der Kürbis schön weich ist, die Form herausnehmen.

2 In der Zwischenzeit die Pasta nach Packungsanweisung kochen, abgießen und abtropfen lassen. Die Kürbisscheiben aus der Form nehmen und beiseitestellen, das restliche Gemüse in ein hohes Gefäß umfüllen. Die Sahne und etwas Nudelwasser zugeben und alles zu einer Creme pürieren.

3 Etwas Olivenöl in einer Pfanne erhitzen und die Salbeiblätter darin frittieren. Anschließend auf Küchenpapier abtropfen lassen und das Frittieröl zur Gemüsecreme geben.

4 Die Tagliatelle in tiefen Tellern anrichten, die Kürbisscheiben und Ofenkürbis-Lauch-Creme daraufgeben. Gorgonzola darüber zerzupfen, die Salbeiblätter darüberbröseln und Kürbiskerne daraufstreuen. Zuletzt alles mit etwas Kürbiskernöl beträufeln und servieren.

ninamanie.com ***@martina_ninamanie***

Fertig in 20 min · Schwierigkeit: 1

Der Schwertfisch hat eine fleischähnliche Konsistenz und ist dadurch sehr einfach in der Zubereitung. In diesem Rezept gehen Tomaten, Wermut, Sahne und Estragon mit dem Fisch eine köstliche Liaison ein.

SCHWERTFISCH IN TOMATEN-WERMUT-SAHNE-SAUCE MIT ESTRAGON

ZUTATEN

Für 3 Personen

600 g Schwertfischfilet
3 Frühlingszwiebeln / Lauchzwiebeln
300 g gestückelte Tomaten frisch oder aus der Dose
50 ml trockener Wermut
100 g Panna da cucina (italienische Sahne)
2 EL Olivenöl extra vergine
2 Estragonzweige
Meersalz und frisch gemahlener Pfeffer

ZUBEREITUNG

1 Wascht die Schwertfischfilets, tupft sie mit Küchenpapier trocken und salzt und pfeffert sie von beiden Seiten. Wenn die Scheiben sehr groß sind, teilt sie in der Mitte.

2 Schneidet die Frühlingszwiebeln in Ringe und dünstet sie bei mittlerer Temperatur in Olivenöl an. Wenn sie glasig sind, schiebt sie an den Pfannenrand und gebt die Schwertfischfilets in die Mitte. Bedeckt den Fisch während des Bratens mit den Frühlingszwiebeln. Wendet die Filets nach zwei Minuten.

3 Löscht mit dem Wermut ab und wartet, bis der Alkohol verdampft ist, bevor ihr die Tomaten in die Pfanne gebt und vorsichtig unter den Fisch und die Zwiebeln hebt. Würzt mit Salz und Pfeffer und gebt die Blätter eines Estragonzweigs dazu. Reduziert die Hitze auf ein Minimum.

4 Gebt nun teelöffelweise die Panna da cucina in die Sauce und lasst alles ca. 1 Minute durchziehen, bevor ihr den Fisch anrichtet. Dekoriert mit den Blättern des zweiten Estragonzweigs.

SALSAPARADISO *Mit fast 50 Jahren tauscht die passionierte Hobbyköchin Hermina ihren erfolgreichen Job als Marketing- und PR Managerin gegen den der Tomatensaucenproduzentin. Die Affinität der gebürtigen Kroatin zu Italien kommt nicht von ungefähr. Mit gerade einmal 18 Jahren verliebt sie sich in einen Neapolitaner und wird zum Italien-Fan. Bei der Familie in Neapel lernt sie die traditionelle, hausgemachte Tomatensauce kennen und lieben. Viele Jahre später entsteht daraus ihr heutiges Business. Mit ihrem ersten Kochbuch »Verrückt nach Tomatensauce« beweist sie, dass man mit einer echten Salsa di Pomodoro sehr viel mehr als nur Pasta und Pizza zubereiten kann.*
SalsaParadisoHerminaDeiana ***salsaparadiso***

Fertig in 50 min · Schwierigkeit: 1

Ein rasches Pasta-Gericht, das nach Urlaub schmeckt!

TAGLIATELLE MIT LACHS UND MANGOLD

ZUTATEN

Für 2 Personen

1 Schalotte
1 Knoblauchzehe
ca. 300 g Mangold
ca. 150 g Lachsfilet (ohne Haut)
Olivenöl zum Braten
Saft und Schale von ½ Bio-Zitrone
250 g Sahne (alternativ Cremefine)
250 g Tagliatelle
Salz
Pfeffer
Parmesan zum Bestreuen

ZUBEREITUNG

1 Die Schalotte und den Knoblauch schälen und in kleine Würfel schneiden. Den Mangoldblätter in ca. 2 cm breite Streifen schneiden, die Stiele in ca. 1 cm dicke Scheiben schneiden. Das Lachsfilet in kleine Würfel schneiden.

2 Etwas Olivenöl in einer Pfanne erhitzen, Schalotte und Knoblauch darin glasig andünsten. Die Mangoldstiele zugeben und 3–4 Minuten mitbraten, danach die Mangoldblätter zufügen und so lange dünsten, bis sie zusammenfallen. Zitronensaft und -schale unterrühren, mit der Sahne aufgießen und alles kurz aufkochen lassen. Die Lachsstücke untermischen und bei niedriger Temperatur gar ziehen lassen. Zuletzt alles mit Salz und Pfeffer abschmecken.

3 In der Zwischenzeit die Nudeln nach Packungsanweisung bissfest kochen und anschließend abgießen. Auf tiefen Tellern anrichten, die Sauce darüber verteilen, etwas geriebenen Parmesan darüberstreuen und alles servieren.

GENUSSATELIER LANG *Ich heiße Michaela. Mein Atelier ist die Küche: Anstelle von Leinwand, Farbe und Pinsel, verwende ich Töpfe, Pfannen und Kochlöffel und lasse so kulinarische Kunstwerke entstehen. Gekocht wird bei mir täglich, überwiegend mit Bio-Produkten der Saison und aus der Region. Die Jahreszeiten bringen somit kulinarische Abwechslung in meine Küche. 2014 entstand die Idee, einen eigenen Blog »Genussatelier Lang« mit meinen Lieblingsrezepten zu gestalten. Für alle Besucher dort gilt: Nachkochen ist durchaus erwünscht!*
genussatelierlang.com* Instagram *genussatelierlang* Facebook *genussatelierlang

Fertig in 40 min · Schwierigkeit: 2

Dieses einfache Rezept kommt mit wenigen Zutaten aus, was es zu einem schnellen Mittag- bzw. Abendessen macht. Auch als Meal-Prep eignet sich dieses Curry sehr gut.

GESUNDES FISCH-CURRY MIT SPINAT UND REIS

ZUTATEN

Für 2 Personen

150 g Reis
300 g frischen Rotbarsch
100 g Spinat
2 Schalotten
100 ml Cremefine (7%)
50 g saure Sahne
14 TL Curry

ZUBEREITUNG

1 Den Reis nach Packungsanleitung zubereiten.

2 Den frischen Fisch waschen, trocken tupfen und in kleine Stücke schneiden. Wenn nötig vorher von Gräten befreien.

3 Den Spinat verlesen, waschen und in einer Salatschleuder trocknen.

4 Die Schalotten in feine Würfel schneiden und in Öl anbraten. Den Fisch ebenfalls in die Pfanne geben und von beiden Seiten leicht anbraten.

5 Cremefine, saure Sahne, Curry, Salz und Pfeffer zu einer glatten Sauce verrühren.

6 Spinat und die Soße zum Fisch in die Pfanne geben und alles erhitzen. Den Reis auf dem Teller anrichten, Fisch und Sauce darüber geben und genießen!

TB FOOD & DRINK *Ich bin Tobias Bauhaus von TB Food & Drink und meines Zeichens Hobbykoch mit Leib und Seele. Ich möchte euch gerne mitnehmen in die kulinarische Welt, in der ich mich bewege. Auf meinem Blog findet ihr alles Rund um die Themen Essen & Trinken! Egal ob neue Rezepte, Produkttests, Drinks oder Wissen – für jeden ist hier was dabei. Ich bin immer auf der Suche nach neuen Rezepten, Produkten und Herausforderungen.*

TBFoodDrink TBFoodDrink FoodTB TBFoodDrink

Fertig in 15 Min. · Schwierigkeit: 1

Wer hätte das gedacht? Tomatensauce und Trüffel ... Ja, es passt ganz wundervoll und wird durch die Würze eines Sardellenfilets zu einer Offenbarung!

TAGLIATELLE MIT TOMATENSAUCE UND SCHARZEN SOMMERTRÜFFELN

ZUTATEN

Für 3 Personen

3 EL Olivenöl, Extra vergine
1 Sardellenfilet in Öl
300 g gestückelte Tomaten aus der Dose
50 g frische schwarze Sommertrüffel
300 g Tagliatelle

ZUBEREITUNG

1 Für die Sauce das Olivenöl in einer Pfanne erhitzen und das Sardellenfilet hineingeben. Die Tomaten dazugeben und die Hitze reduzieren. Hobelt mit einem Trüffelhobel 1/3 des Trüffels in die Sauce, dann alles mit etwas Salz abschmecken.

2 Die Tagliatelle in reichlich kochendem Salzwasser sehr al dente kochen, denn sie ziehen anschließend in der Sauce noch nach. Die Pasta direkt aus dem Topf in die heiße Tomaten-Trüffel-Sauce geben. Das an den Nudeln hängende Wasser bindet die Sauce mit der Pasta schön ab.

3 Vermischt die Pasta mit der Sauce und richtet sie auf den Tellern an. Zum Garnieren des restlichen Trüffel über die Tagliatelle reiben.

salsaparadiso *SalsaParadisoHerminaDeiana*

Fertig in 45 min · Schwierigkeit: 2

Bei Lachs passiert es oft, dass er zu lange gebraten und dadurch trocken wird. Wir zeigen in diesem Rezept, wie er immer schön saftig und auf den Punkt gelingt.

ZARTER LACHS AUS DEM OFEN MIT GEMÜSE

ZUTATEN

Für 4 Personen

LACHS-GEMÜSE
2 Zucchini
2 Karotten
1 TL Meersalz
2 EL Olivenöl
Pfeffer
4 Lachsfilets mit Haut
grobes Meersalz
1 Bio-Zitrone
2 Knoblauchzehen

MARINADE
1 EL Honig
2 TL Zitronensaft
1 EL dunkler Balsamico
½ TL Senf

ZUBEREITUNG

1 Den Backofen auf 180 °C Ober- und Unterhitze vorheizen.

2 Für das Lachs-Gemüse die Zucchini und die Karotten in feine Stifte schneiden (stifteln) oder mit dem Sparschäler in feine Streifen. Mit dem Meersalz, dem Olivenöl und etwas Pfeffer würzen und vermischen.

3 Pro Portion ein halbes Stück Backpapier (oder Alufolie) auf einer Arbeitsche auslegen und das Gemüse gleichmäßig mittig auf die Backpapiere verteilen. Anschließend je ein Lachsfilet darauflegen.

4 Für die Marinade alle Zutaten vermischen und mit einem Pinsel die Lachsfilets damit bestreichen.

5 Den Lachs mit etwas grobem Meersalz und Pfeffer würzen. Die Zitrone heiß waschen und in Scheiben schneiden. Den Knoblauch schälen und halbieren. Die Lachsstücke mit je einer halbierten Knoblauchzehe sowie einer Zitronenscheibe belegen.

6 Zum Verschließen der Päckchen die langen Seiten des Backpapiers in der Mitte über dem Fisch schließen und kompakt zusammenrollen. Dann die Päckchen an den Enden wie eine Bonbonverpackung eindrehen und mit einem Küchengarn oder Bratenschlauchband verschließen.

7 Die Päckchen auf ein Backblech setzen und im vorgeheizten Ofen auf der mittlerer Schiene 20–25 Minuten backen. Herausnehmen und servieren.

Fertig in 50 min. · Schwierigkeit: 1

Diese leckere Lachs-Quiche mit nussigem Roggenteig und frischen Erbsen ist nicht nur im Handumdrehen zubereitet, sondern erinnert mich auch an den finnischen Sommer.

LACHS-QUICHE

ZUTATEN

Für 1 Tarte-Form (24 cm ø; am besten mit herauslösbarem Boden)

TEIG
120 g Roggenmehl
90 g Weizenmehl
½ TL Salz
100 g kalte Butter
2 EL kaltes Wasser

FÜLLUNG
150 g kalt geräucherter Räucherlachs
2 Frühlingszwiebeln (alternativ 1 Stange Lauch)
3 Eier
100 ml Milch
150 g Crème fraîche
Salz
Pfeffer
100 g Erbsen (frisch oder TK, aufgetaut)
2 EL gehackter Dill
Erbsensprossen (nach Belieben)

ZUBEREITUNG

1 Für den Teig alle Zutaten zügig miteinander verkneten und den Teig abgedeckt für 15 Minuten kalt stellen. Anschließen in die Tarte-Form drücken, dabei einen Rand formen. Den Teig in der Form weitere 15 Minuten kalt stellen.

2 In der Zwischenzeit den Backofen auf 200 °C Ober-/Unterhitze vorheizen. Den fertig gekühlten Teigboden aus dem Kühlschrank nehmen, mit einer Gabel einstechen und im vorgeheizten Ofen auf der mittleren Schiene ca. 10 Minuten vorbacken.

3 Für die Füllung den Lachs grob zerteilen und die Frühlingszwiebeln in dünne Streifen schneiden. Die Eier mit der Milch und der Crème fraîche gut vermischen, salzen und pfeffern.

4 Den vorgebackenen Boden aus dem Ofen nehmen und mit den Frühlingszwiebeln, den Erbsen sowie dem Räucherlachs belegen und mit dem Dill bestreuen. Dann die Eier-Milch-Mischung gleichmäßig darübergießen. Die Quiche im Ofen im unteren Drittel weitere 30–35 Minuten backen.

5 Die Quiche herausnehmen und vor dem Anschneiden und Servieren etwas abkühlen lassen, sonst ist der Teig zu bröselig. Wer mag, kann sie für den besonderen Frischekick noch mit Erbsensprossen verzieren.

MAHTAVA *Ich bin Michaela und wohne in München, aber sobald es meine Zeit erlaubt, geht es in Richtung Norden, vorzugsweise in mein rotes Holzhaus oberhalb des Polarkreises in Finnland. Ich liebe den Schnee, Hunde, Blaubeeren und mein größtes Vorbild ist und bleibt Pippi Langstrumpf. Wenn ich nicht blogge, arbeite ich als freie Grafikdesignerin. Mein Blog diente mir anfangs als eigene Rezeptsammlung. Inzwischen teile ich dort jedoch nicht nur meine leidenschaftliche Liebe zur nordischen Küche, sondern auch eine ordentliche Brise finnische Lebensart.*

mahtava.de mahtava.de fuchsmichaela

Fertig in 50 min · Schwierigkeit: 1

Pineapple Fried Rice nach einem Rezept aus Thailand. Eine schnelle und leckere asiatische Reispfanne mit Garnelen und Ananas.

GEBRATENER REIS MIT ANANAS

ZUTATEN

Für 2-4 Personen

1 Knoblauchzehe
1 Zwiebel
3 Frühlingszwiebeln
Gemüse nach Wahl (nach Belieben)
1 Ananas
1–2 EL Kokosöl
8 Riesengarnelenschwänze
500 g gekochter Jasminreis (vom Vortag)
2 TL Currypulver
weißer Pfeffer
4 EL Fischsauce + mehr nach Bedarf
3 EL Austernsauce + mehr nach Bedarf
2 Eier
einige Rosinen
einige Cashewnusskerne

ZUBEREITUNG

1 Den Knoblauch sowie die Zwiebel schälen und beides fein würfeln. Die Frühlingszwiebeln in feine Ringe schneiden. Nach Belieben weiteres Gemüse ggf. waschen, putzen und fein würfeln.

2 Die Ananas halbieren und die Hälften so aushöhlen, dass der Reis später darin serviert werden kann. Das Fruchtfleisch fein würfeln.

3 Das Kokosöl in einem Wok erhitzen und die Zwiebel und die Frühlingszwiebeln unter ständigem Rühren bei mittlerer Temperatur darin anbraten. Wenn sie schön glasig sind, den Knoblauch und die Garnelen zugeben und alles unter ständigem Rühren 2–3 Minuten weiterbraten.

4 Anschließend den Reis und das Currypulver zufügen und alles unter Rühren erhitzen. Mit Pfeffer, der Fisch- und der Austernsauce würzen. Das restliche Gemüse, falls verwendet, und so viele Ananaswürfel wie gewünscht sowie die Rosinen und Cashewnüsse unter den Reis haben. Alles unter Rühren noch einmal erhitzen und nach Bedarf mit mehr Fisch- und Austernsauce abschmecken.

5 Den gebratenen Reis in die beiden Ananashälften füllen und servieren.

reisehappen.de* ◎ *reisehappen* ⓕ *reisehappen

Fertig in 40 min. · Schwierigkeit: 1

Kabeljau ist ein unglaublich dankbarer Fisch – schnell zubereitet und sehr saftig! In diesem Rezept stelle ich einen Bärlauch-Risotto vor, der perfekt zu konfiertem Kabeljau in Zitronenöl passt.

KABELJAU AUF SPARGEL-BÄRLAUCH-RISOTTO

ZUTATEN

Für 4 Personen

geraspelte Schale von 1 Bio-Zitrone
geraspelte Schale von 1 Bio-Limette
300 ml Olivenöl, plus 4 EL zum Braten
1 Zwiebel
4 Kabeljaufilets à 150 g (am besten Kabeljau-Loin)
Salz
0,4 l Gemüsebrühe + mehr (nach Bedarf)
200 g Reis (z. B. Arborio)
100 ml Riesling (nach Belieben)
100 g Bärlauch
160 g grüner Spargel
20 g geriebener Parmesan
Zitronenpfeffer

ZUBEREITUNG

1 Die Zitronen- und Limettenschale mit dem Öl vermengen. Die Zwiebel schälen und in feine Würfel schneiden.

2 Den Backofen auf 70 °C vorheizen. Den Fisch mit Salz würzen. Das Zitronenöl in einer Auflaufform verteilen und die Filets hineinlegen. Alles mit Backpapier abdecken und den Fisch im vorgeheizten Ofen ca. 30 Minuten garen.

3 Die Brühe in einem Topf erhitzen. Die Zwiebelwürfel in 4 EL Olivenöl in einem weiteren Topf glasig anschwitzen, den Reis dazugeben und andünsten, bis die Körner zu glänzen beginnen. Nach Belieben mit Riesling ablöschen. Nach und nach die Brühe kellenweise unterrühren, dabei immer dann die nächste Kelle angießen, wenn die Flüssigkeit aufgesogen ist. Den Reis unter Rühren ca. 20–25 Minuten garen, bis er weich ist; dabei ggf. mehr Brühe zugeben.

4 Den Bärlauch waschen, trocken tupfen und klein hacken. Den Spargel ggf. schälen, von den unteren Enden befreien und in ca. 1 cm lange oder längere Stücke schneiden. Die Stücke unter den Risotto mischen und je nach Geschmack mitdünsten. Dann den Bärlauch zugeben, den Risotto vom Herd nehmen und den Parmesan unterrühren. Mit Salz und Zitronenpfeffer abschmecken. Den Reis auf dem Teller portionieren und ein Filet darauf servieren.

YUMMY TRAVEL *Ich bin Jessica und ständig auf der Suche nach Inspiration. Dabei werfe ich zu gerne den Blick über den Tellerrand und in fremde Kochtöpfe, denn kulinarische Touristenfallen sind so was von gestern! Auf meinem Blog »Yummy Travel« verrate ich mit Schwerpunkt auf kulinarische Reisen, Kochkurse und Food-Touren meinen Lesern versteckte Rückzugsorte direkt vor der eigenen Haustür oder in fernen Ländern. Und dazu noch viele weitere Geheimtipps, Rezepte meiner Reisen und Food-Tipps aus der ganzen Welt.*

yummytravelblog yummy_travel_ yummy_travel

Fertig in 20 min · Schwierigkeit: 1

Rezept für das polynesische Nationalgericht Poisson cru à la Tahitienne – roher Thunfisch mit Limettensaft, Kokosmilch und Gemüse.

POISSON CRU À LA TAHITIENNE – REZEPT AUS TAHITI

ZUTATEN

Für 2 Personen

1 Tomate
½ Salatgurke
1 kleine Zwiebel
1 Stück Ingwer, ca. 1 cm lang
2 Knoblauchzehen
1 kleine Karotte
300 g frischer Thunfisch (Sushi-Qualität)
Saft von 1 Limette
Salz
Pfeffer
100 ml Kokosmilch

ZUBEREITUNG

1 Die Tomate entkernen und fein würfeln. Die Gurke schälen, vierteln, entkernen und in Würfel schneiden. Die Zwiebel schälen und ebenfalls würfeln. Den Ingwer und den Knoblauch schälen und fein hacken. Die Karotte schälen und fein raspeln oder in Juliennes (feine Streifen) schneiden.

2 Den Thunfisch in ca. 1,5 cm große Würfel schneiden und vorsichtig mit den vorbereiteten Zutaten vermengen.

3 Die Mischung mit dem Limettensaft und etwas Salz und Pfeffer abschmecken. Zuletzt die Kokosmilch vorsichtig untermischen.

4 Das Poisson cru à la Tahitienne sofort servieren. Dazu isst man auf Tahiti und auf den Marquesas-Inseln Reis, Pommes oder Baguette.

reisehappen.de ***reisehappen*** ***reisehappen***

Fertig in 30 min · Schwierigkeit: 1

Der Streetfood-Liebling ganz einfach selbst gemacht! Bahn Mi – das ist ein vietnamesisches Sandwich. Gemacht wird es klassischerweise mit Baguettebrot. Das kommt wohl noch aus der Kolonialzeit. Und im Grunde ist so ein Banh Mi einer Art Fusion-Küche aus Französisch und Vietnamesisch.

CHICKEN BANH MI

ZUTATEN

Für 4 Personen

MARINIERTES HÄHNCHEN
1 EL Reisessig
1 EL Sesamöl + mehr zum Braten
1 EL helle Sojasauce
1 EL Fischsauce
1 TL Sriracha-Sauce
1 TL Zucker
1 TL Ingwerpulver
450 g Hähnchenbrustfilets
neutrales Pflanzenöl zum Braten

PICKLES
½ Salatgurke
1 Karotte
4 EL Reisessig
4 EL Wasser
1 EL Zucker
1/2 TL Salz

SRIRACHA-MAYO
3 EL Mayonnaise
1,5 TL Sriracha-Sauce
1 EL Reisessig
½ TL Knoblauchpulver
½ TL Paprikapulver
½ TL Currypulver
Außerdem
4 Baguettebrötchen
Gemüse nach Wahl
(Rotkohl, Karotten, Gurke)

ZUBEREITUNG

1 Für das marinierte Hähnchen Reisessig, Sesamöl, Soja-, Fisch- und Sriracha-Sauce, Zucker und Ingwerpulver zu einer Marinade verrühren. Die Hähnchenbrustfilets waschen, trocken tupfen und in mittelgroße, nicht zu feine Stücke schneiden (pro Sandwich zwei bis drei Stücke). Das Fleisch mehrfach in der Marinade wenden und in einer Schüssel mit aufgesetztem Deckel mindestens 6 Stunden (oder gern über Nacht) – im Kühlschrank marinieren.

2 Für die Pickles die Gurke in mundgerechte dünne Streifen schneiden. Die Karotte schälen und ebenfalls in dünne Streifen oder in Scheiben schneiden. Beides mit den restlichen Zutaten für die Pickles in eine Schüssel oder ein Glas mit Deckel füllen, gründlich vermengen, sodass Gurke und Karotte überall mit der Einlegeflüssigkeit überzogen sind, und abdecken. Ebenfalls für mindestens 6 Stunden (oder gern über Nacht) im Kühlschrank einlegen.

3 Für die Sriracha-Mayo alle Zutaten dafür miteinander verrühren. In einem Gefäß mit Deckel abgedeckt bis zur Zubereitung der Sandwiches im Kühlschrank aufbewahren.

4 Für das marinierte Hähnchen nach 6 Stunden oder am nächsten Tag etwas neutrales Pflanzenöl gemischt mit Sesamöl in einer Pfanne (am besten einer Grillpfanne) erhitzen. Die Fleischstücke leicht abtropfen lassen und scharf darin anbraten, bis sie von außen schön goldbraun sind, innen aber noch saftig.

5 In der Zwischenzeit ggf. die Baguettebrötchen aufbacken. Den Rotkohl in dünne Streifen schneiden. Den Koriander waschen und trocken tupfen. Das Gemüse abtropfen lassen.

6 Die Brötchen längs durchschneiden und auf beiden Hälften mit der Sriracha-Mayo bestreichen. Zuerst mit dem Rotkohl belegen, dann mit den Fleischstücken, danach mit dem Gemüse und zum Schluss mit dem Koriander. Das Sandwich mit der anderen Brötchenhälfte bedecken und servieren.

stilettosandsprouts.de stilettosandsprouts stilettosandsprouts.de stilettosandsprouts

Fertig in 2 h · Schwierigkeit: 1

Immer wieder werde ich gefragt, was denn mein Lieblingsrezept für den Herbst ist, und eigentlich fallen mir dabei hauptsächlich Eintöpfe und Schmorgerichte ein. Nichts geht über eine schöne dicke Kartoffelsuppe oder ein richtig deftiges Gulasch!

BALSAMICO-RINDFLEISCH GULASCH MIT PERLZWIEBELN

ZUTATEN

Für 4 Personen

400 g Perlzwiebeln
1 rote Zwiebel
2 Knoblauchzehen
1 kg Rindergulasch
Olivenöl zum Braten
20 g Schinkenspeck
2 EL Tomatenmark
1 EL Senf
1 EL Paprikapulver
50 ml Aceto balsamico (z. B. di Modena)
Salz
Pfeffer
800 ml Rindfleischfond
3 Lorbeerblätter

ZUBEREITUNG

1 Die Perlzwiebeln schälen, aber im Ganzen lassen. Die rote Zwiebel und den Knoblauch schälen und in kleine Würfel schneiden.

2 Das Fleisch trocken tupfen und in einem großen Topf in Olivenöl von allen Seiten anbraten. Sobald das Fleisch eine schöne Röstfarbe hat, herausnehmen und beiseitestellen.

3 Erneut etwas Olivenöl in demselben Topf erhitzen. Die Zwiebel- und Knoblauchwürfel mit dem Schinkenspeck darin kurz anbraten. Dann das Tomatenmark, den Senf und das Paprikapulver kurz mitbraten. Die Perlzwiebeln und das Fleisch zugeben. Die Masse mit dem Balsamico-Essig, Salz und Pfeffer würzen und mit dem Rinderfond ablöschen. Die Lorbeerblätter hinzufügen, alles umrühren und kurz aufkochen lassen.

4 Das Gulasch bei geschlossenem Deckel im Backofen bei 150 °C Umluft 2 Stunden schmoren, dabei zwischendurch einmal umrühren. Wenn das Fleisch gut weich gegart ist, den Topf aus dem Ofen nehmen und alles mit Salz und Pfeffer abschmecken. Die Lorbeerblätter entfernen und das Gulasch servieren. Als Beilage passen Klößen oder Baguette prima dazu.

die_sonntagskoechin *DieSonntagskoechin* *thesundaycook*

Die besten und saftigsten Hackfleischbällchen aller Zeiten, die garantiert einen leckeren Abend bescheren!

Fertig in 15–30 min · Schwierigkeit: 1

SAFTIGE MEATBALLS

ZUTATEN

Für 4 ordentliche Portionen (ca. 15 Meatballs)

500 g Rinderhackfleisch
2 Scheiben Toastbrot
Milch zum Einweichen
1 Ei
2 TL Salz
2 TL frisch gemahlener Pfeffer
1 dicke Knoblauchzehe
1 rote Zwiebel
2 Handvoll Basilikum
2–3 EL Olivenöl
1 Dose gehackte Tomaten (400 g)
2 TL Tomatenflocken
2 TL Oregano
2 TL Chiliflocken, ohne Kerne
1 TL Thymian
getrockneter Knoblauch zum Würzen (nach Belieben)
2 Handvoll Datteltomaten (alternativ Cherrytomaten)
1 Mozzarella

ZUBEREITUNG

1 Das Fleisch in eine Schüssel geben. Das Toast entrinden und in kleine Würfel schneiden, mit etwas Milch übergießen und darin einweichen. Sobald sich das Toast vollgesaugt hat, etwas ausdrücken und zum Fleisch geben. Mit dem Ei sowie je ca. 1 TL Salz und Pfeffer untermengen.

2 Den Knoblauch und die Zwiebel schälen. Das Basilikum waschen und trocken tupfen. Knoblauch, Zwiebel und die Hälfte des Basilikums auf Wunschgröße zerkleinern. Alles gut mit der Fleischmasse vermengen (am besten mit den Händen).

3 Mit einem Eisportionierer aus der Masse gleich große Bällchen formen. Das Olivenöl in einer Pfanne erhitzen und die Meatballs darin von allen Seiten nur kurz anbraten. Anschließend herausnehmen und beiseitestellen.

4 In derselben Pfanne die gehackten Tomaten, alle restlichen Gewürze außer dem optionalen getrockneten Knoblauch und übriges Basilikum im Bratenfett erhitzen. Wer mag, fügt noch etwas getrockneten Knoblauch zu. Die frischen Tomaten halbieren, zugeben und alles kurz aufkochen lassen.

5 Die Masse in einer großen Auflaufform verteilen und die Feischbällchen daraufsetzen. Den Mozzarella klein schneiden und darüberstreuen. Die Meatballs im Backofen bei 180 °C Ober-/Unterhitze knapp 45 Minuten backen. Anschließend herausnehmen und servieren. Dazu passen Spaghetti oder leckeres Ciabatta.

MINTANDOHLALA *Ich heiße Esther. In der Küche fühlte ich mich bereits zu Hause, als Discmans noch die heiße Technik waren. Seit 1997 stehe ich nun ohne Muttis Hilfe als Türsteher vor dem Backofen – einmal Backluft geschnuppert, wurde eine endlose Liebe entfacht! Backen macht glücklich, nicht nur mich selbst: Die Rezeptergebnisse des Wagemuts, der mich überfällt, sobald ich in die Kochhandschuhe schlüpft, teile ich nicht nur mit meinen Freunden, die sich zu gerne als »Vorkoster« anbieten, sondern auch mit den Besuchern auf meinem Blog »mintandohlala.com«. Dort – sowie auf meinem Küchentisch! – landen neben süßen Kreationen außerdem die unterschiedlichsten Pastavarianten, weil ich tief im Herzen – da bin ich inzwischen fast sicher – Italienerin bin.*
mintandohlala.com @mintandohlala

Fertig in 25 min · Schwierigkeit: 1

Raggmunk sind Kartoffelpfannkuchen und die schwedische Antwort auf Schweizer Kartoffelrösti. Oder genauer gesagt, die perfekte Kombination aus Rösti und Pfannkuchen.

RAGGMUNK – SCHWEDISCHE KARTOFFELPFANNKUCHEN

ZUTATEN

Für 4 Personen

300 ml Vollmilch
2 Ei
150 g Weizenmehl
2 TL Salz
800 g Kartoffeln
Butter zum Braten

AUSSERDEM
400 g durchwachsener Speck
(alternativ gepökelter Schweinebauch)
Preiselbeerkompott zum Servieren

ZUBEREITUNG

1 Die Milch und die Eier in einer Schüssel verquirlen. Nach und nach das Mehl unterrühren. Zuletzt das Salz zufügen und den Teig ein wenig ruhen lassen.

2 In der Zwischenzeit die Kartoffeln schälen, raspeln und unter den Pfannkuchenteig heben.

3 Etwas Butter in einer beschichteten Pfanne erhitzen und den Teig mit einer Schöpfkelle in die Pfanne geben; dabei je nachdem, wie flüssig er ist, gut verstreichen, damit der Pfannkuchen durchweg schön knusprig ausgebacken werden kann. Auf beiden Seite goldbraun braten. Den fertigen Pfannkuchen herausnehmen und entweder im Backofen oder auf einer Warmhalteplatte warm halten. Mit dem weiteren Teig ebenso verfahren, bis er aufgebraucht ist.

4 Zum Servieren den Speck in Scheiben schneiden und diese in einer Pfanne ohne Fett knusprig braten. Zusammen mit reichlich Preiselbeerkompott zu den Kartoffelpfannkuchen reichen.

mahtava.de mahtava.de fuchsmichaela

Fertig in 2 h · Schwierigkeit: 2

Es gibt einige Gerichte aus der griechischen Küche, die mich immer wieder an Heimat erinnern und mit einem Bissen schon glücklich machen können. Eines dieser Gerichte ist dieses: Giouvetsi mit Lamm.

GRIECHISCHES GIOUVETSI MIT LAMM

ZUTATEN

Für 4 Personen

SCHMORFLEISCH
2 Zwiebeln
2 Karotten
1 kg Lammkeule (ohne Knochen)
4 EL Olivenöl
2 EL Honig
2 EL Tomatenmark
150 ml Rotwein
500 ml Rinderbrühe
400 g stückige Tomaten
1 Stange Zimt
1 TL Meersalz
Pfeffer
2 Lorbeerblätter

KRITHARAKI
1 EL Olivenöl
250 g Kritharaki (griechische Nudeln)

AUSSERDEM
frischer Thymian zum Bestreuen
frische Petersilie zum Bestreuen
Feta zum Servieren (nach Belieben)

ZUBEREITUNG

1 Für das Schmorfleisch die Zwiebeln schälen und fein würfeln. Die Karotten in grobe Würfel schneiden. Das Fleisch in 2–3 cm große Würfel schneiden.

2 Das Olivenöl in einem Topf erhitzen und das Fleisch darin scharf anbraten, sodass es rundherum etwas braun ist. Die Zwiebelwürfel sowie den Honig zugeben und die Zwiebel bei mittlerer Temperatur glasig dünsten. Anschließend die Karottenwürfel mit anbraten, das Tomatenmark zugeben und 1 weitere Minute anrösten.

3 Mit dem Rotwein ablöschen und einköcheln lassen. Dann die Rinderbrühe sowie die stückigen Tomaten unterrühren. Zimtstange, Meersalz, Pfeffer und Lorbeerblätter zugeben und alles mit geschlossenem Deckel bei mittlerer Temperatur mindestens 1 Stunde schmoren lassen, dabei nach 45 Minuten den Backofen auf 180 °C Ober- und Unterhitze vorheizen. Die Zimtstange und die Lorbeerblätter aus der Sauce nehmen.

4 Für das Kritharaki das Olivenöl in einer Pfanne erhitzen und die Nudeln darin 2–3 Minuten etwas anbraten, sodass sie eine schöne Farbe bekommen (dieser Schritt ist wichtig, damit sie nicht verklumpen und nachher im Giouvetsi zu weich werden).

5 Anschließend das fertig geschmorte Fleisch, die Sauce und das Kritharaki in eine ofenfeste Form geben und vermischen. Ca. 250 ml, bzw. so viel Wasser aufgießen, dass das Giouvetsi etwa fingerhoch damit bedeckt ist. Alles mit Alufolie abdecken und im vorgeheizten Ofen 30 Minuten backen.

6 Giouvetsi herausnehmen, die Alufolie abziehen und 10 Minuten ruhen lassen. Zuletzt mit etwas Thymian und Petersilie bestreuen und servieren – nach Belieben mit Feta, der passt perfekt dazu.

Fertig in 40 min · Schwierigkeit: 1

Saftige Pastrami, großzügig gestapelt zwischen Scheiben frischen Roggenbrotes, überzogen mit schmelzendem Käse und würzigem russischem Dressing: der amerikanische Klassiker aus New York – für echte Fans der Reuben gibt es kein besseres Sandwich.

REUBEN-SANDWICH

ZUTATEN

Für 2 Personen

50 g Mayonnaise
ca. 1 EL Chilisauce
½ TL Worcestersauce
½ TL Zitronensaft
½ TL Meerrettich
1 EL sehr fein gehackte Zwiebel
200 g Pastrami
200 g Sauerkraut (aus der Dose)
4 Scheiben frisches Roggenbrot
Butter zum Bestreichen
4 Scheiben Schweizer Käse
Dillgurken zum Servieren

ZUBEREITUNG

1 Die Mayonnaise mit der Chilisauce, der Worcestersauce, dem Zitronensaft, dem Meerrettich und der Zwiebel zu einem russischen Dressing vermengen.

2 Die Pastrami in zwei Portionen aufteilen. Das Sauerkraut abspülen und gut abtropfen lassen.

3 Die Roggenbrotscheiben auf einer Seite mit etwas Butter bestreichen. Die Hälfte der Brotscheiben mit der Butterseite nach unten auf ein Brett legen und mit dem russischen Dressing bestreichen. Die Pastramischeiben, das Sauerkraut und den Schweizer Käse gleichmäßig darauf verteilen und zuletzt alles mit den übrigen Brotscheiben abdecken.

4 Eine große Pfanne bei mittlerer Temperatur erhitzen und die Sandwiches darin auf beiden Seiten in 7–10 Minuten knusprig anbraten, bis die Füllung gut durcherhitzt ist.

5 Die Sandwiches herausnehmen und mit Dillgurken als Sidedish servieren.

yummytravel.de *yummy_travel_* *yummytravelblog* *yummy_travel*

Fertig in 40 min · Schwierigkeit: 1

Hackbällchen mit Kartoffelpüree – der Klassiker auf schwedische Art.

KÖTTBULLAR

ZUTATEN

Für 3 Personen

1,2 kg mehligkochende Kartoffeln
Salz
500 g Hackfleisch (halb und halb)
1 Zwiebel
2 kleine Knoblauchzehen
1 Scheibe Toastbrot
2 TL Senf
1 Ei
Pfeffer
2 EL Butter
2 EL Weizenmehl
500 ml Kalbsfond
100 g Sahne
400 ml Milch
Preiselbeermarmelade (alternativ -kompott) zum Servieren

ZUBEREITUNG

1 Die Kartoffeln schälen und in Stücke schneiden. Reichlich Wasser erhitzen, salzen und die Kartoffeln darin weich kochen.

2 In der Zwischenzeit das Hackfleisch in eine Schüssel geben. Die Zwiebel und den Knoblauch schälen. Alles mit dem Toastbrot in einen Mixer oder Blender geben und fein pürieren. 1 TL Senf und das Ei zufügen, mit Salz und Pfeffer würzen und alles gut mit dem Hackfleisch in der Schüssel vermischen.

3 Aus der Hackmasse ca. 30 kleine Bällchen formen. 1 TL Butter in einer beschichteten Pfanne erhitzen und die Bällchen darin rundherum anbraten. Anschließend herausnehmen und beiseitestellen.

4 Die restliche Butter in der Pfanne schmelzen, das Mehl zufügen und beides mit dem Schneebesen zu einer Mehlschwitze verrühren. Den Fond dazugießen und die Sauce glatt rühren. Mit dem restlichen Senf, Salz und Pfeffer würzen und aufkochen lassen. Die Sahne sowie die Hackbällchen untermischen und alles bei mittlerer Temperatur 5–10 Minuten köcheln lassen.

5 Die Kartoffeln abgießen und mit dem Kartoffelstampfer zerstampfen. Die Milch erhitzen und nach und nach unter die Kartoffelmasse mischen, bis die gewünschte Konsistenz erreicht ist.

6 Die Köttbullar mit dem Kartoffelpüree anrichten, einen Klecks Preiselbeermarmelade daraufgeben und alles servieren.

SCHLEMMERKATZE *Ich heiße Katharina (Cat) Schäfer und bin 41 Jahre alt. Im echten Leben bin ich Polizeibeamtin – und im Netz blogge ich seit 2014 als »Schlemmerkatze«. Dabei schlägt mein Herz vor allem für Pasta und für meine neue Leidenschaft: das Brotbacken. Ich liebe es, mit frischen Lebensmitteln zu kochen, und freue mich, andere Menschen mit leckerem Essen glücklich zu machen. Und mit meinen Lesern zu teilen!*
schlemmerkatze.de* Instagram *schlemmerkatze* Facebook *Schlemmerkatze

Fertig in 30 min. · Schwierigkeit: 1

Kulinarisch gehe ich auf Reisen und nehme euch mit. Ich habe Huhn in Sherry-Sahne-Sauce für euch dabei – Pechuga de Pollo en Salsa de Jerez. Das Gericht gibt es eigentlich auf jeder Tapas-Speisekarte, ist super-lecker und ratzfatz gemacht.

HUHN IN SHERRY-SAHNE-SAUCE

ZUTATEN

Für 2 Personen

2 Hühnerbrustfilets
3 Knoblauchzehen
Olivenöl zum Braten
Salz
Pfeffer
2 TL edelsüßes Paprikapulver
1 gute Prise gemahlener Zimt
Chiliflocken (nach Belieben)
200 ml Sherry + mehr (nach Belieben)
100 g Sahne + mehr (nach Belieben)

ZUBEREITUNG

1 Die Hähnchenbrustfilets waschen, trocken tupfen und in mundgerechte Stücke schneiden. Den Knoblauch schälen und in dünne Scheiben schneiden.

2 Etwas Öl in einer Pfanne erhitzen, den Knoblauch und die Fleischstückchen darin gut anbraten. Mit Salz, Pfeffer, Paprikapulver, Zimt und nach Belieben mit Chili würzen. Alles mit dem Sherry ablöschen und die Sahne dazugießen.

3 Die Sauce gründlich einkochen lassen, bis sie eine dickliche Konsistenz erreicht, und das Gericht servieren. Alternativ: Wer etwas mehr Sauce gerne mag, das Fleisch vorher aus der Pfanne nehmen, noch etwas mehr Sherry sowie Sahne in die Pfanne geben und etwas einkochen lassen. Das Fleisch mit der Sauce übergießen und servieren.

ninamanie.com ***@martina_ninamanie***

Fertig in 2 h 25 min · Schwierigkeit: 1

Wenn das Wetter wieder schlechter und die Tage kürzer werden, gibt es nicht besseres als ein klassisches Gulasch mit Nudeln. Ich bevorzuge die Variante ausschließlich mit Rindfleisch, da es meiner Meinung nach den besten Geschmack gibt. Die Zugabe von Zitrone ist eher wenig klassisch, aber es gibt dem Ganzen den besonderen Kick.

GULASCH

ZUTATEN

Für 4 Personen

500 g Zwiebeln
1 kg Rindergulasch (alternativ Rinderschulter ohne Knochen)
Butterschmalz zum Anbraten
2 EL Tomatenmark
2 EL geräuchertes Paprikapulver
4 Lorbeerblätter
250 ml Rotwein
20 g Zartbitterschokolade
1 TL Kümmelsamen
Abrieb von 1 Bio-Zitrone
400 g Spirelli-Nudeln

ZUBEREITUNG

1 Die Zwiebeln schälen und in grobe Würfel schneiden. Das Rindfleisch in kleine mundgerechte Stücke schneiden. Butterschmalz in einem Topf erhitzen und die Stücke darin anbraten. Anschließend herausnehmen und beiseitestellen.

2 Die Zwiebeln in dem Bratsaft anschwitzen. Das Tomatenmark, Paprikapulver und die Lorbeerblätter zufügen und alles 5 Minuten anschwitzen.

3 Mit dem Rotwein ablöschen und kurz aufkochen lassen. Die Fleischstücke wieder in den Topf geben und so viel Wasser (ca. 400 ml) dazugießen, dass sie komplett damit bedeckt sind. Das Gulasch ca. 2 Stunden köcheln lassen.

4 Währenddessen zwei Stücke der Schokolade grob hacken. Die Kümmelsamen in einer Pfanne anrösten und danach im Mörser mahlen. Ca. 20 Minuten vor Ende der Gulasch-Garzeit den Zitronenabrieb, Schokolade und den Kümmel zufügen sowie die Nudeln bissfest garen und abgießen.

5 Das fertige Gulasch über die Nudeln geben und servieren.

HERB GARDEN

Fertig in 35 min. · Schwierigkeit: 1

Dieses einfache, aber leckere Pasta-Rezept aus Italien ist ein Favorit bei meiner Familie. Der Clou liegt in den Fleischbällchen, die aus dem Brät der italienischen Wurst hergestellt werden.

NUDELN MIT SALSICCIA UND SAHNESAUCE

ZUTATEN

Für 4 Personen

2 mittelgroße Zwiebeln
2 Knoblauchzehen
100 g Pancetta (alternativ Speck)
Olivenöl zum Braten
1 Schuss Weißwein
1 Schuss Essig
500 g Nudeln nach Wahl
300 g Sahne
50 g Parmesan
Meersalz
frisch gemahlener schwarzer Pfeffer
frisch geriebene Muskatnuss
400 g Salsiccia (italienische Rohwürste)
Schnittlauchröllchen zum Bestreuen

ZUBEREITUNG

1 Die Zwiebeln und den Knoblauch schälen und klein schneiden. Pancetta in feine Streifen schneiden. Olivenöl erhitzen und Pancetta darin knusprig braten. Die Temperatur reduzieren, die Zwiebeln zugeben und glasig anschwitzen. Dann den Knoblauch mitbraten, er sollte dabei nicht braun werden. Mit dem Weißwein und dem Essig ablöschen und die Sahne sowie den Parmesan zugeben.

2 Die Sauce bei niedriger Temperatur ca. 15 Minuten köcheln lassen, bis sie eingedickt ist. Zuletzt mit Meersalz, Pfeffer und Muskatnuss abschmecken.

3 In der Zwischenzeit die Haut der Salsiccia entfernen und aus der Füllmasse kleine Fleischbällchen formen. Diese in einer Pfanne anbraten und beiseitestellen.

4 Die Nudeln nach Packungsanweisung in reichlich mit Meersalz gewürztem Wasser al dente kochen, abgießen, dabei etwas Kochwasser auffangen. Die Nudeln mit dem Wasser unter die Sauce heben. Mit den Salsiccia-Bällchen belegen, mit Schnittlauch bestreuen und servieren.

yummytravel.de yummy_travel_ yummytravelblog yummy_travel

Fertig in 3 h · Schwierigkeit: 2

Diese knusprigen peruanischen Teigtaschen (Empanadas peruanas) mit Hackfleischfüllung sind ein echtes Highlight auf dem Teller oder in der Hand. Sie eignen sich als Hauptspeise oder einfach als Fingerfood bei einer Party.

EMPANADAS DE PICADILLO

ZUTATEN

Für ca. 50 Stück (6-8 Personen)

FÜLLUNG
2–3 hartgekochte Eier
15 schwarze Oliven
1 Zwiebel
2 Knoblauchzehen
500 g Hackfleisch
1 EL Öl zum Braten
2 EL Rosinen
Salz
Pfeffer
getrockneter Oregano zum Abschmecken
Kreuzkümmel zum Abschmecken
Chilipaste zum Abschmecken

TEIG
600 g Weizenmehl + mehr zum Bearbeiten (nach Bedarf)
200–250 ml heiße Brühe
2 TL Salz
9 EL Schweineschmalz
3 EL Puderzucker

AUSSERDEM
ca. 1 l Öl zum Frittieren

ZUM GARNIEREN
2–3 Limetten
einige EL Zuckersirup
Puderzucker zum Bestäuben

ZUBEREITUNG

1 Für die Füllung die Eier hart kochen, schälen und fein würfeln. Die Oliven ggf. entsteinen und fein hacken. Die Zwiebel und den Knoblauch schälen und fein würfeln.

2 Das Hackfleisch mit Öl in einer Pfanne krümelig braten. Zwiebeln und Knoblauch zugeben und einige Minuten mitbraten. Die restlichen Zutaten unterrühren und die Füllung mit Salz, Pfeffer, Oregano, Chilipaste und Kreuzkümmel abschmecken.

3 Für den Teig alle Zutaten zu einem glatten Teig verkneten. Den Teig portionsweise auf einer (nach Bedarf bemehlten) Arbeitsfläche mit dem Nudelholz ca. 2 mm dünn ausrollen. Daraus Kreise mit einem Maultaschen-Former oder einer Schüssel mit ca. 10 cm ø ausstechen. Die Kreise ausrollen.

4 Je ca. 1–2 TL Füllung in die Mitte eines Kreises setzen, die Teigtasche zuklappen, den Rand festdrücken und ggf. umschlagen. Das Öl in einem Topf (oder in der Fritteuse bei ca. 170° C) erhitzen und die Teigtaschen darin in einigen Minuten goldbraun frittieren. Anschließend herausnehmen und auf Küchenpapier abtropfen lassen.

5 Die Limetten vierteln oder achteln. Die Empanadas dünn mit dem Sirup bestreichen oder beträufeln, mit etwas Puderzucker bestäuben und servieren. Die Limetten separat dazu reichen.

MAMPFNESS *Hinter dem Blog »Mampfness« steht eine junge vierköpfige Familie aus München. Wir haben dem behaglichen und glückseligen »mhhhh ... lecker!«-Gefühl beim Essen einen Namen gegeben: Mampfness! Seit 2017 veröffentlichen wir auf unserem Blog allerhand Kochrezepte, die bei uns ganz viel Mampfness erzeugt haben. In unserem Kochen-wir-das-wieder?-Gremium entscheiden wir, ob ein Gericht nach (manchmal mehrfacher) Verkostung einen Platz auf dem Blog verdient hat. Die Meinung der Kinder spielt dabei eine wesentliche Rolle, was bei den wählerischen Etepetete-Zwergen durchaus anstrengend und langwierig sein kann. Wir hoffen, die Mühe lohnt sich, und unsere Rezepte schmecken auch unseren Lesern!*

mampfness ***mampfness***

Fertig in 60 min · Schwierigkeit: 2

Rote-Bete-Burger mit kräftigen Rindfleisch-Pattys, würzigem Ziegenkäse und süßen Feigen: der richtige Start in den bunten Herbst mit bunten Burgern!

ROTE-BETE-BURGER MIT RINDFLEISCH, ZIEGENKÄSE & FEIGEN

ZUTATEN

Für 6 Burger

BURGER-BUNS
450 g Weizenmehl
7 g Trockenhefe
1 TL Salz
1 TL Zucker
260 ml Rote-Bete-Direktsaft
20 ml Sonnenblumenöl + etwas mehr zum Bearbeiten
1 Eigelb

PATTYS
1 kg Rinderhackfleisch
Salz
Pfeffer
1 TL getrockneter Thymian
Olivenöl zum Braten

AUSSERDEM
150 g Ziegenkäse-Rolle
3–4 Feigen
150 g Rucola
100 g leichte Mayonnaise

ZUBEREITUNG

1 Für die Burger-Buns Mehl, Trockenhefe, Salz und Zucker in einer Schüssel mischen. Den Rote-Bete-Saft lauwarm erhitzen und mit dem Sonnenblumenöl zu den trockenen Zutaten in die Schüssel geben. Alles in 10 Minuten zu einem glatten gleichmäßigen Teig verkneten (z. B. mit den Knethaken der Küchenmaschine).

2 Den Teig mit etwas Öl einreiben und abgedeckt an einem warmen Ort 30 Minuten gehen lassen. Anschließend den Teig in sechs bis sieben gleich große Stücke teilen und diese zu gleich großen runden Buns formen. Die Teiglinge wieder abdecken und weitere 30 Minuten gehen lassen; danach sollten sie um ein weiteres Drittel aufgegangen sein.

3 Das Eigelb mit 1 EL warmem Wasser verrühren und die Glasur vorsichtig auf der Oberseite der Teiglinge verteilen. Dann die Buns im Backofen auf einem mit Backpapier ausgelegtem Backblech bei 170 °C ca. 20–25 Minuten backen. Anschließend herausnehmen und abkühlen lassen.

4 Für die Pattys das Hackfleisch mit Salz, Pfeffer sowie dem Thymian würzen und verkneten. Aus der Masse gleich große Pattys à ca. 170 g formen. Etwas Olivenöl in einer Pfanne erhitzen und die Pattys darin auf beiden Seiten je 3 Minuten braten.

5 Den Ziegenkäse und die Feigen in Scheiben schneiden. Den Rucola waschen und trocken tupfen. Die Buns jeweils aufschneiden und beide Schnittseiten kurz auf dem Toaster rösten. Dann die untere Schnittseite mit Mayonnaise bestreichen und wie folgt belegen: etwas Rucola, darauf ein Patty, zwei Ziegenkäsescheiben und zwei bis drei Feigenscheiben. Die obere Bun-Hälfte als Deckel daraufsetzen und die Burger servieren.

die_sonntagskoechin *DieSonntagskoechin* *thesundaycook*

Dieses Rezept findet
Ihr auf S. 62!

Der krönende Abschluss

DESSERT

Kuchen 124
Gebäck 162
Süßspeisen 186

Fertig in 1 h 10 Min. · Schwierigkeit: 1

Ein supersaftiges Bananenbrot, das ganz ohne Ei und Industriezucker auskommt. Mandelsplitter und Haselnüsse verleihen dem Brot Biss. Einfach und lecker!

NO DRAMA BANANA: VEGANES BANANENBROT

ZUTATEN

Für 1 Kastenform (30 x 12 cm)

TEIG
4 reife Bananen
100 ml Sonnenblumenöl
5 EL Ahornsirup
1 TL gemahlener Zimt
½ TL frisch geriebene Muskatnuss
Salz
4 EL Mandelmilch
290 g Dinkelmehl Type 630
½ Pck. Backpulver
40 g gemahlene Mandeln
20 g Mandelsplitter
40 g gehackte Haselnusskerne (alternativ Haselnusskrokant)

BELAG
1 reife Banane
1 Handvoll Mandelsplitter
1 EL gehackte Haselnusskerne (alternativ Haselnusskrokant)

ZUBEREITUNG

1 Für den Teig den Backofen auf 160 °C Umluft vorheizen. Die Bananen mit einer Gabel oder dem Pürierstab zerkleinern. Zusammen mit Sonnenblumenöl, Ahornsirup, Zimt, Muskat, 1 Prise Salz und Mandelmilch mit der Küchenmaschine oder dem Handrührgerät cremig rühren.

2 Das Mehl mit dem Backpulver vermischen und in die cremige Masse sieben. Die Mandeln und Haselnüsse zugeben und alles nochmals gut verrühren. Dann den Teig in die mit Backpapier ausgelegte Kastenform füllen.

3 Für den Belag die Banane halbieren und auf den Teig legen. Die Mandelsplitter und die Haselnüsse ebenfalls darauf verteilen. Das Bananenbrot im vorgeheizten Ofen in 50–60 Minuten goldbraun backen. Anschließend herausnehmen und servieren.

pottgewächs.de *pottgewaechs* *pottgewaechs*

Fertig in 1 h 5 min · Schwierigkeit: 1

Wer spontan einen Kuchen backen will, für den ist dieser schnelle Kokoskuchen genau das Richtige! Er ist ganz schnell zusammengerührt und schmeckt super lecker.

SCHNELLER KOKOSKUCHEN

ZUTATEN

Für 1 Kastenform (ca. 11 x 25 cm)

70 g Kokosraspel
300 g Weizenmehl
120 g Zucker
1 Pck. Vanillezucker
1 Pck. Backpulver
Saft von ½ Zitrone + etwas mehr nach Geschmack
400 ml Kokosmilch (1 Dose)
Fett für die Form
Puderzucker zum Bestäuben

ZUBEREITUNG

1 Den Backofen auf 175 °C Ober-/Unterhitze vorheizen. Die Kokosraspel, das Mehl, den Zucker, den Vanillezucker und das Backpulver in einer Rührschüssel vermischen.

2 Die Kokosmilch leicht erwärmen und verflüssigen. Den Zitronensaft und die Kokosmilch ebenfalls in die Rührschüssel geben und alles mit der Küchenmaschine oder dem Handrührgerät zu einem glatten Teig vermengen.

3 Die Kastenform einfetten und den Teig darin verteilen. Den Kuchen im vorgeheizten Ofen 45–50 Minuten backen, dabei die Stäbchenprobe machen. Anschließend auskühlen lassen. Mit Puderzucker bestäuben und servieren.

ihana.life *ihana_life* *ihana.life*

Fertig in 1 h 50 min · Schwierigkeit: 1

Dieser Kuchen sieht kompliziert aus, ist aber supereinfach zu backen – ganz ohne Backmischung. Mit der – veganen – »Schoko-Sahne-Haube« wird er nicht nur zum optischen, sondern auch zum geschmacklichen Highlight.

VEGANER MAULWURFKUCHEN

ZUTATEN

Für 1 Springform (24 cm ø)

600 ml kalte vegane Sahne (z. B. von Schlagfix)
2 Pck. Sahnesteif
70 g vegane Raspelschokolade
500 g Weizenmehl
1 Pck. Backpulver
200 g Zucker
2 Pck. Vanillezucker
50 g Kakaopulver
200 ml Hafermilch
150 ml Sonnenblumenöl + mehr zum Einfetten
350 ml Sprudelwasser
2–3 Bananen, je nach Größe

ZUBEREITUNG

1 Die Sahne mit dem Sahnesteif steif schlagen. Die Schokoraspel untermischen und die Sahne bis zur späteren Verwendung kalt stellen.

2 Den Backofen auf 180 °C Ober-/Unterhitze vorheizen. Das Mehl mit dem Backpulver, dem Zucker, dem Vanillezucker, dem Kakao, der Hafermilch, dem Öl und dem Sprudelwasser kurz verrühren. Die Springform einfetten. Den Teig darin verteilen und glatt streichen. Den Kuchen im vorgeheizten Ofen 45–50 Minuten backen und anschließend abkühlen lassen.

3 Den Kuchen mit einem scharfen langen Messer oben ca. 1 cm tief längs durchschneiden und die abgeschnittene Masse zerkrümeln. Der verbleibende Teil des Kuchens bildet den Boden für den Belag.

4 Die Bananen schälen, halbieren oder vierteln und gleichmäßig auf dem Boden verteilen. Die Sahne aus dem Kühlschrank nehmen, hügelförmig über den Bananen verteilen und zuletzt die zerkrümelte Kuchenmasse gleichmäßig darüberstreuen. Den Kuchen für einige Stunden (am besten über Nacht) kalt stellen und dann servieren.

ihana.life *ihana_life* *ihana.life*

VEGAN

Fertig in 50 min · Schwierigkeit: 1

Ein Kuchen für heiße Sommertage! Denn im Sommer lässt sich Kuchen ja wunderbar mit Früchten dekorieren – so wie dieser hier mit Beeren. Durch den Maisgrieß wird er saftig und die Kokossahne bringt einen Hauch Urlaubsfeeling auf den Teller.

VEGANER POLENTAKUCHEN MIT KOKOSSAHNE UND BEEREN

ZUTATEN

Für 1 Springform (26 cm ø)

TEIG

200 g weiche Margarine (alternativ Butter) + mehr für die Form
200 g Weizenmehl + mehr für die Form
200 g Zucker
5 EL veganer Joghurt (z. B. Sojajoghurt natur)
250 ml Pflanzendrink (alternativ Milch)
200 g Polenta (Maisgrieß)
1 TL Backpulver
1 TL Natron
Abrieb von 1 Bio-Zitrone

BELAG

1 Dose Kokosmilch, über Nacht kalt gestellt (400 ml)
2 Pck. Vanillezucker
1 Handvoll Beeren
1 EL gehackte Pistazien

ZUBEREITUNG

1 Für den Teig den Backofen auf 180 °C Umluft vorheizen. Eine Springform mit Margarine einfetten und leicht mit Mehl ausstreuen.

2 Die Margarine mit dem Zucker in eine Schüssel geben und mit dem Handrührgerät ca. 2 Minuten aufschlagen, sodass sich beides gut verbindet. Den Joghurt sowie den Pflanzendrink abwechselnd unter ständigem Rühren hinzugeben (wenn die Margarine etwas flockt, ist das überhaupt kein Problem).

3 Das Mehl, die Polenta, das Backpulver sowie das Natron vermengen, unter die feuchten Zutaten geben und alles zu einem Teig vemengen. Zuletzt den Zitronenabrieb kurz unterheben. Den Teig in der Form verteilen, etwas glatt streichen und den Kuchen im vorgeheizten Ofen 35 Minuten backen. Anschließend vollständig abkühlen lassen.

4 Für den Belag in der Zwischenzeit die Kokosmilch aus dem Kühlschrank nehmen. Um zu testen, ob sie fest ist, schütteln, es dürfen dabei keine Geräusche der Flüssigkeit zu hören sein. Die feste Kokosmasse und den Vanillezucker mit dem Handrührgerät cremig rühren. Sollte die Mischung zu fest sein, etwas von der Kokosflüssigkeit zugeben und weiterrühren, bis eine sahnige Konsistenz erreicht ist. Die Kokossahne kalt stellen. Die Beeren waschen und abtropfen lassen.

5 Den Kuchen aus der Form lösen, mit der Kokssahne bestreichen und mit den Beeren sowie den Pistazien dekorieren und servieren.

carryoncooking *carryoncooking.blog* *carryoncooking123*

Der perfekte Kuchen für den Spätsommer! Süße Mirabellen treffen auf einfachen Rührteig und knusprige Streusel. Dieses Rezept besteht aus nur neun Zutaten und ist ideal für die Kuchentafel. Es gelingt ganz flott und macht den Spätsommer richtig lecker.

Fertig in 1 h 15 min · Schwierigkeit: 1

VEGANER MIRABELLEN-STREUSELKUCHEN MIT EINFACHEM RÜHRTEIG

ZUTATEN

Für 1 Springform (26 cm ø)

BELAG

125 g kalte Margarine (alternativ Butter)
180 g Mehl (z. B. Dinkelmehl Type 630)
100 g Zucker
500 g Mirabellen (alternativ anderes Steinobst)
1 Handvoll Mandeln, gehobelt
1 EL Puderzucker

RÜHRTEIG

300 ml Pflanzendrink (alternativ Milch)
125 g sehr weiche Margarine (alternativ Butter) + mehr für die Form
Saft von 1 Zitrone
100 g Zucker
350 g Mehl (z. B. Dinkelmehl Type 630) + mehr für die Form
1 TL Backpulver
1 TL Natron

ZUBEREITUNG

1 Für den Belag die Margarine in Stücken zusammen mit dem Mehl sowie dem Zucker in eine Schüssel geben und mit den Händen zu einem krümeligen Teig verarbeiten. Diesen kalt stellen, sodass die Streusel schön fest werden.

2 In der Zwischenzeit die Mirabellen waschen, trocken tupfen, in zwei Hälften teilen und entkernen. Die Springform fetten und mit Mehl ausstreuen. Den Backofen auf 180 °C Ober-/Unterhitze vorheizen.

3 Für den Rührteig den Pflanzendrink, die Margarine, den Zitronensaft sowie den Zucker verrühren. Das Backpulver und das Natron mit dem Mehl mischen, unter die feuchten Zutaten heben und alles zu einem Rührteig vermengen.

4 Den Teig in der Form verteilen und etwas glatt streichen. Die Mirabellen daraufsetzen, die Streusel darüberkrümeln und alles mit den Mandeln bestreuen. Den Kuchen im vorgeheizten Ofen auf der mittlerern Schiene ca. 55 Minuten backen, bis der Streusel goldbraun ist. Mit dem Puderzucker bestäuben und servieren.

carryoncooking *carryoncooking.blog* *carryoncooking123*

VEGAN

Fertig in 1 h 35 min · Schwierigkeit: 2

Diese Tarte ist himmlisch cremig und schokoladig, der Boden knusprig und die Himbeeren kleine säuerliche Frucht-Oasen.

VEGANE SCHOKOTARTE MIT HIMBEEREN

ZUTATEN

Für 1 quadratische Kuchenform (20 x 20 cm)

BODEN
170 g Weizenmehl
40 g Zucker
100 g Margarine
1 Schuss Pflanzendrink (nach Bedarf)

BELAG
100 g Zartbitterkuvertüre, zerlassen
100 ml Mandeldrink
12 g Agar-Agar (alternativ 4 g Agar-Agar und 3 gestr. TL Pfeilwurzelstärke)
45 g Ahornsirup
10 g Kakao
400 g Mandeljoghurt
ca. 100 g TK-Himbeeren, aufgetaut
Schokospäne zum Bestreuen

ZUBEREITUNG

1 Für den Boden das Mehl, den Zucker und die Margarine in eine Schüssel geben und mit der Hand zügig zu einem glatten Teig verkneten. Sollte der Teig zu fest sein, den Pflanzendrink zufügen.

2 Den Backofen auf 180 °C Umluft vorheizen und die Form mit Backpapier auskleiden. Den Teig gleichmäßig darin verteilen und glatt streichen und im vorgeheizten Ofen ca. 25 Minuten backen, bis er goldbraun ist. Anschließend in der Form etwas abkühlen lassen.

3 Für den Belag die Kuvertüre im Wasserbad schmelzen. Den Mandeldrink mit dem Agar-Agar, dem Ahornsirup und dem Kakao unter ständigem Rühren mit dem Schneebesen aufkochen, bis die Mischung Blasen wirft. 1–2 Minuten unter Rühren köcheln lassen. Etwas Mandeljoghurt hinzufügen und unterrühren, den Rest in eine Schüssel geben. Dann die Mischung aus dem Topf sowie die geschmolzene Kuvertüre zum Mandeljoghurt in die Schüssel geben und alles gründlich verrühren.

4 Die Himbeeren auf dem etwas abgekühlten Kuchenboden verteilen. Danach die Creme gleichmäßig darübergeben und glatt streichen. Zuletzt die Schokospäne daraufstreuen. Den Kuchen vollständig erkalten lassen und in Stücke geschnitten servieren.

NASCHKATZE *Ich heiße Judith und Backen ist mein Yoga – wenn ich Entspannung brauche, verschwinde ich in der Küche. Die Liebe zum Kochen und Backen verdanke ich meinen Omas. Im Studium entstand die Idee eines Blogs, auf dem ich meine Interessen Kochen, Backen, Fotografieren und Schreiben kreativ bündeln konnte: Seit 2014 teile ich süße wie herzhafte Rezepte und kulinarische Streifzüge mit anderen Naschkatzen und -katern auf »Naschkatze – Küchenglück und kulinarische Streifzüge«. Eine weitere meiner Leidenschaften sind Kochbücher. Meine Sammlung ist mittlerweile recht umfangreich und wächst ständig – viele Neuzugänge rezensiere ich auf dem Blog. Seit einigen Jahren arbeite ich außerdem freiberuflich als Übersetzerin von Büchern rund um italienische Küche.*
naschkatze.me* Instagram *naschkatze.s_kuechenglueck* Facebook *naschkatzeskulinarischestreifzuege* Pinterest *naschkatze_foodblog

ZUTATEN

Für 1 Springform (22 cm ø)

BODEN

Fett für die Form
3 Eier (Gr. M)
150 g Zucker
75 g Weizenmehl
75 g Speisestärke
50 g gemahlene Mandeln
1 TL Backpulver

STREUSEL

100 g Weizenmehl
30 Zucker
30 g Butter
Salz

FÜLLUNG

700 g Äpfel (z. B. Elstar, Jonagold oder Boskop)
1 ½ Pck. Vanillepuddingpulver
550 ml Apfelsaft
50 g Zucker
250 g Frischkäse
200 g Sahne
4 TL Sahnesteif

ZUBEREITUNG

1 Für den Boden den Backofen auf 200 °C Ober-/Unterhitze (Umlauft 180 °C) vorheizen. Die Form mit Backpapier auslegen und den Rand einfetten. Die Eier, 3 EL heißes Wasser und Zucker in einer Rührschüssel oder der Küchenmaschine schaumig schlagen. Mehl, Speisestärke, Mandeln und Backpulver in einer Schüssel mischen und dann vorsichtig unterheben. Den Teig in der Springform verteilen und den Biskuitboden im vorgeheizten Ofen auf der mittleren Schiene 25–30 Minuten backen. Anschließend herausnehmen und abkühlen lassen.

2 Für die Streusel den Backofen anlassen. Mehl, Zucker, Butter und etwas Salz in einer Rührschüssel mit den Knethaken des Rührgeräts zu einem Teig verarbeitet. Dann mit den Händen zu groben Krümeln verkneten. Die Streusel auf einem mit Backpapier ausgelegten Backblech verteilen und im Ofen bei 200 °C in ca. 10 Minuten goldbraun backen. Anschließend herausnehmen und beiseitestellen.

3 Für die Füllung die Äpfel schälen, entkernen und in kleine ca. 1 cm Würfel schneiden. Aus dem Puddingpulver, dem Apfelsaft und 50 g Zucker nach Packungsanweisung einen Pudding zubereiten. Dann die Apfelstücke unter die Puddingmasse heben.

4 Den Biskuitboden längs halbieren. Den unteren Boden in einen Tortenring setzen und mit der Apfel-Pudding-Masse bestreichen. Den zweiten Boden daraufsetzen und den Kuchen kalt stellen.

5 Den Frischkäse in einer Rührschüssel glatt rühren. Die Sahne und das Sahnesteif mit dem restlichen Zucker (20 g) in einem hohen Gefäß steif schlagen und unter den Frischkäse heben. Die Torte aus dem Kühlschrank nehmen. 4 EL der Frischkäse-Sahnecreme beiseitestellen und den Rest auf der Torte verstreichen. Die beiseitegestellte Creme in einen Spitzbeutel füllen und den oberen Tortenrand damit verzieren. Anschließend die Torte 2 Stunden kalt stellen. Kurz vor dem Servieren den Ring lösen, die Streusel auf der Cremeschicht innerhalb der Randverzierung verteilen und die Torte servieren.

SONNTAG IST KAFFEEZEIT *Ich bin Tina-Maria. »Sonntags ist Kaffeezeit« ist ein außerordentlicher und vielseitiger Blog. Ich liebe es Küchenchefin zu sein und bin sehr facettenreich. Essen ist Leidenschaft und Genuss. Kochen und Backen entspannen mich. Haupsächlich geht es auf meinem Blog rund ums Essen und Trinken, aber auch um DIY-Ideen, Reisen und alles was das Leben schöner macht.*
sonntagsistkaffeezeit.de** **sonntagsistkaffeezeit** **Sonntagsistkaffeezeit.de

Fertig in 1 h 10 min · Schwierigkeit: 1

Das Rezept ist so einfach und sehr leicht gemacht. Unsere Tochter findet, es schmeckt wie eine Tiramisutorte, nur dass die Löffelbiskiuts fehlen. Ja, so unrecht hat sie da nicht, wie ich selbst festgestellt habe beim ersten Bissen.

APFELTORTE MIT FRISCHKÄSE-SAHNECREME UND STREUSELN

Fertig in 1 h 20 min · Schwierigkeit: 1

Ein himmlischer Klassiker! Es gibt nichts Besseres als Apfel-Sandkuchen mit Mandeln, wie ihn schon meine Oma gebacken hatte. Mit Stücken süßer Apfelspalten und einem zarten und feinen Sandkuchenteig ist dieses Rezept die Essenz der Einfachheit.

FEINER APFEL-SANDKUCHEN MIT MANDELN

ZUTATEN

Für 1 Springform (24 cm ø)

250 g weiche Butter + mehr für die Form
200 g Zucker
4 Eier (Gr. M)
250 g Weizenmehl
2 TL Backpulver
1 TL Abrieb einer Bio-Zitrone
Salz
600 g Äpfel (z. B. Elstar, Gala, Jonagold)
50 g gehobelte Mandeln

ZUBEREITUNG

1 Den Backofen auf 180 °C Ober-/Unterhitze vorheizen. Die Springform einfetten. Die Butter, den Zucker und die Eier in einer Rührschüssel oder mit der Küchenmaschine gut verrühren. Das Mehl, das Backpulver, den Zitronenabrieb und 1 Prise Salz zugeben und alles zu einem Teig vermengen. Den Teig in der Form verteilen und glatt streichen.

2 Die Äpfel schälen, entkernen und in Spalten schneiden. Die Spalten spiralförmig auf dem Teig verteilen. Zuletzt alles mit den Mandeln bestreuen.

3 Den Kuchen im vorgeheizten Ofen auf der mittleren Schiene 1 Stunde backen. Anschließend abkühlen lassen und servieren.

sonntagsistkaffeezeit.de *sonntagsistkaffeezeit* *Sonntagsistkaffeezeit.de*

Fertig in 1 h 25 min · Schwierigkeit: 1

Dank der Bananen im Kuchen ist er schön saftig und überhaupt nicht trocken, was zusätzlich der hohe Nussgehalt noch unterstützt. Bei mir landen immer alle Nüsse im Kuchen, die mir in die Hände fallen. Dadurch erhalte ich immer eine schöne Mischung im Kuchen.

BANANEN-SCHOKO-BROT MIT SALZKARAMELL

ZUTATEN

Für eine Kastenform (30 x 12 cm)

160 g Butter (Zimmertemperatur) + mehr für die Form
400 g Dinkelmehl + mehr für die Form
120 g brauner Zucker
4 Eier (Zimmertemperatur)
4 reife Bananen
150 g gemahlene Nusskerne (z. B. Mandel, Haselnüsse, Cashewnüsse, Pistazien)
1 TL gemahlener Zimt
2 TL Vanillepaste
1 TL Backpulver
½ TL Salz
100 g Zartbitterschokolade
20 g Salzkaramell-Fudge (z. B von Dr. Oetker)

ZUBEREITUNG

1 Eine Kuchenform mit Butter einfetten und mit Mehl ausstreuen. Den Backofen auf 180 °C Umluft vorheizen.

2 Die Butter mit der Küchenmaschine schön cremig rühren. Den Zucker einrieseln lassen und unterrühren. Nach und nach die Eier ebenfalls unterrühren. Alles gut aufschlagen, bis eine fluffige Masse entsteht.

3 Die Bananen mit einer Gabel zerdrücken und zugeben. Dann die restlichen Zutaten unterheben.

4 Der Teig in der Kuchenform verteilen und das Bananenbrot im vorgeheizten Ofen bei 180 °C Umluft ca. 55 Minuten backen. Anschließend herausnehmen, etwas abkühlen lassen und servieren.

KÜCHENSTÜBCHEN *Ich heiße Sandra, bin 30 Jahre, Mama von drei Kindern und lebe mit meiner kleinen Familie in der Nähe von Schwäbisch Gmünd. Ich teile auf meinem Blog »Küchenstübchen« meine leckeren Momente des Lebens mit meinen Lesern. Das Kochen und Backen hat sich schon früh als meine persönliche Leidenschaft herausgestellt. Für mich hat es etwas Beruhigendes, den Teig zu kneten, die Zutaten abzuwiegen und zu sehen, was man alles Schönes daraus zubereiten kann. Ich finde und fand es früher schon immer herrlich, wenn sich der Duft von Frischgebackenem durch das ganze Haus verteilt und einem dabei das Wasser im Mund zusammenläuft. Für mich ein Stück meiner Kindheit und ein Gefühl von Geborgenheit und Heimat. Dieses Gefühl möchte ich allen weitergeben, die sich durch meine Rezepte inspirieren lassen.*

kuechenstuebchen.de @kuechenstuebchen

Fertig in 1 h 10 min · Schwierigkeit: 1

Der hohe Nussanteil im Kuchen macht ihn so schön saftig und hält ihn auch noch über mehrere Tage frisch. Und nicht nur das: Er kommt auch komplett ohne Mehl aus, da er mit Speisestärke zubereitet wird. Das macht ihn zusätzlich auch glutenfrei.

OMAS SCHOKO-NUSS-KUCHEN

ZUTATEN

Für eine Kastenform (30 x 12 cm)

140 g Zartbitterschokolade
200 g Butter (Zimmertemperatur) + mehr für die Form
110 g Zucker
5 Eier
120 g Speisestärke
2 TL Weinstein-Backpulver
200 g gemahlene Haselnusskerne
Salz
100 g Haselnusskuvertüre

ZUBEREITUNG

1 Die Schokolade grob raspeln. Die weiche Butter schaumig rühren, den Zucker zugeben und weiterrühren. Die Eier trennen und die Eigelbe nach und nach unterrühren.

2 Den Backofen auf 175 °C Umluft vorheizen. Die Speisestärke und das Backpulver mischen und auf die Ei-Butter-Masse sieben. Die Schokolade und die Haselnüsse zugeben und alles gut verrühren. Die Eiweiße und 1 TL Salz zu steifem Eischnee schlagen und vorsichtig unterheben.

3 Eine Kuchenform gründlich einfetten und mit Mehl ausstreuen. Den Teig in der Form verteilen. Die Temperatur auf 160 °C reduzieren und den Kuchen im Ofen ca. 40–45 Min. backen. Anschließend herausnehmen, einige Minuten in der Form abkühlen lassen, dann herauslösen und auf einem Kuchengitter vollständig abkühlen lassen.

4 Die Kuvertüre im Wasserbad bei mittlerer Temperatur schmelzen. Über dem Kuchen verteilen, fest werden lassen und den Kuchen servieren.

kuechenstuebchen.de ***kuechenstuebchen***

Fertig in 55 min · Schwierigkeit: 1

Auf dem Weg zum Wohlfühlgewicht muss man nicht auf Kuchen verzichten. Dieser leckere Skyr-Käsekuchen wird mit Agavendicksaft gesüßt. Gebacken wird er in einer kleinen Form, so hat man pro Stück eine kleinere Menge auf dem Teller und kann ohne Reue genießen.

SKYR-KÄSEKUCHEN MIT AGAVENDICKSAFT UND BLAUBEEREN

ZUTATEN

Für 1 Springform (22 cm ø)

125 g Butter (Zimmertemperatur)
500 g Skyr
2 Eier
90 g Agavendicksaft
2 EL Zitronensaft
½ TL Abrieb einer Bio-Zitrone
1 TL Vanilleextrakt
1 Prise Vanillesalz
60 g feiner Grieß + mehr für die Form
20 g Vanillepuddingpulver
100 g Blaubeeren

AUSSERDEM
Backtrennspray

ZUBEREITUNG

1 Die Butter in einem Topf kurz schmelzen und vom Herd nehmen. Skyr, Eier, Agavendicksaft, Zitronensaft, -abrieb, Vanilleextrakt und Vanillesalz mit dem Handrührgerät cremig aufschlagen. Die Butter langsam einlaufen lassen, dann den Grieß und das Puddingpulver einrieseln lassen und alles gut unterrühren.

2 Den Boden der Form mit Backpapier auslegen, den Rand mit Backtrennspray besprühen und anschließend mit etwas Grieß ausstreuen. Die Skyrmasse in der Form verteilen und glatt streichen. Den Backofen auf 175 °C Ober- und Unterhitze vorheizen.

3 Die Blaubeeren waschen, abtropfen lassen und auf der Skyrmasse verteilen. Den Kuchen im vorgeheizten Ofen auf der mittleren Schiene 45–50 Minuten backen.

4 Anschließend den Kuchen im geschlossenen, warmen Ofen abkühlen lassen, die Tür dabei nicht öffnen. Vor dem Servieren – am besten über Nacht – kühl stellen, dann wird er schön fest.

JULIA'S SWEET BAKERY *Ich bin Julia. Mama, Ehefrau, berufstätig, Koch-, Back- und Dekoverrückte. Seit 2013 möchte ich meine Leser gerne mit meinem Food-Blog »Julia's Sweet Bakery« ein wenig inspirieren. Ich möchte zeigen, dass Backen kein Hexenwerk ist, und versuche, oft in Schritt-für-Schritt-Bildern, meine Leser bei der Entstehung eines neuen Rezeptes mitzunehmen. Und ich versuche für sie jede Woche ein neues Rezept zu kreieren – alles wird von mir selbst gekocht oder gebacken. Ich freue mich außerdem immer über neue Freundschaften, die entstehen, denn gemeinsam macht es am meisten Spaß.*

juliassweetbakery.blogspot.com julias_sweet_bakery JuliasSweetBakery juliassweetbakery

Fertig in 50 min · Schwierigkeit: 1

Rote Bete im Kuchen?! Jaaa, unbedingt! In diesem Rezept wird kein Industriezucker verwendet und die besondere Saftigkeit gibt die Rote Bete, die man nicht schmeckt. Einfach himmlisch!

GLUTENFREIE SCHOKOKÜCHLEIN MIT ROTER BETE

ZUTATEN

Für 4 Backförmchen
(ca. 10 cm ø und 5 cm Höhe)

30 g Haselnusskerne (alternativ Mandeln), ganz (alternativ gemahlen)
50 g getrocknete und entsteinte Datteln, ganz (alternativ gemahlen)
200 g gekochte Rote Bete
70 g Vollkorn-Reismehl
½ TL glutenfreies Backpulver
100 g Zartbitterschokolade
50 g Kokosöl
2 Eier
2 EL Ahornsirup (nach Belieben)
Butter für die Förmchen

ZUBEREITUNG

1 Den Backofen auf 180°C vorheizen.

2 Die ganzen Haselnüsse und die Datteln fein mahlen. Die Rote Bete pürieren und beiseitestellen. Reismehl, Haselnüsse, Datteln und Backpulver in einer Schüssel vermischen.

3 Die Schokolade und das Kokosöl im Wasserbad schmelzen. Anschließend beides zur Reismehl-Mischung in die Schüssel geben und alles mit dem Handrührgerät zu einem glatten Teig vermengen. Die Eier und den Ahornsirup verquirlen und in die Teigmasse einarbeiten. Zum Schluss die pürierte Bete gut unterrühren.

4 Die Förmchen mit Butter einfetten und den Teig bis ca. 1,5 cm unterhalb des Randes darin verteilen. Die Küchlein bei 180 °C Ober-/Unterhitze 30 Minuten backen.

5 Die Küchlein herausnehmen, in der Form auskühlen lassen und anschließend servieren.

NUTRIPASSION.DE *Welche Auswirkung die Ernährung auf unseren Körper hat, begeistert mich, Denise, schon lange. Aus dieser Leidenschaft heraus entstand mein Blog »nutripassion«, auf dem sich alles um eine leckere, ausgewogene, aber vor allem INDIVIDUELLE Ernährung dreht. Als studierte Biologin und Ernährungsberaterin widme ich mich vielen spannenden Themen. Im Fokus steht dabei immer: Was macht eine gesunde Ernährung aus? Wie lässt sich Ernährung und Wohlbefinden im täglichen Leben verbessern? Mit einfachen & leckeren glutenfreien Rezepten möchte ich Anreize geben, sich im Alltag nährstoffreicher zu ernähren.*
nutripassion.de ***nutripassion*** ***nutripassion***

Fertig in 40 min · Schwierigkeit: 1

Kladdkaka ist neben der Zimtschnecke der wohl bekannteste Exportschlager vom schwedischen Kaffeetisch. Am liebsten serviere ich den saftigen Kuchen noch warm und gebe tiefgefrorene Beeren darüber, die dann langsam auftauen. Das Spiel zwischen süß und leicht säuerlich und zwischen warm und kalt ... ein Träumchen!

KLADDKAKA – SCHWEDISCHER SCHOKOLADENKUCHEN

ZUTATEN

Für 1 runde Form (26 cm ø)

150 g Butter + mehr für die Form
150 g Weizenmehl
6 EL Kakaopulver
1 Msp. gemahlene Vanille
300 g Zucker
3 Eier

AUSSERDEM
Beeren zum Servieren (TK oder frisch; nach Belieben; alternativ Eiscreme)
Puderzucker zum Servieren (nach Belieben)
Schlagsahne zum Servieren (nach Belieben)

ZUBEREITUNG

1 Den Ofen auf 180 °C Ober-/Unterhitze vorheizen.

2 Die Butter schmelzen und anschließend etwas abkühlen lassen. Alle trockenen Zutaten in eine Rührschüssel geben und in die Mitte der Masse eine Mulde drücken. Die Eier und die flüssige Butter hineingeben. Zunächst die Eier und die Butter mit einer Gabel in der Mulde verrühren und danach mit den restlichen Zutaten in der Schüssel zu einem Teig vermengen (der darf ruhig noch etwas klumpig sein).

3 Die Form mit Butter einfetten, den Teig darin verteilen und glatt streichen. Den Kuchen im vorgeheizten Ofen auf der mittleren Schiene ca. 20–25 Minuten backen; ihn dabei in den letzten Minuten etwas im Auge behalten, er sollte nicht ganz durchbacken, sondern noch schön »klebrig« sein.

4 Den Kuchen herausnehmen und warm servieren. Nach Belieben mit Beeren toppen, mit Puderzucker bestäuben und/oder mit Schlagsahne anrichten.

mahtava.de mahtava.de fuchsmichaela

Fertig in 1 h 15 min · Schwierigkeit: 1

Kürbiskuchen ist ein traditioneller Nachtisch der US-Küche. Besonders oft wird er zu Halloween, Thanksgiving und Weihnachten serviert. Und dieser original amerikanische Pumpkin Pie ist nicht nur köstlich, sondern auch nahrhaft!

PUMPKIN PIE – AMERIKANISCHER KÜRBISKUCHEN

ZUTATEN

Für 6 Personen

MÜRBETEIG
200 g Weizenmehl
75 g Zucker
Salz
100 g kalte Margarine (alternativ Butter)

FÜLLUNG
1 Hokkaidokürbis (ca. 700 g)
180 g Zucker
1 ½ TL gemahlener Zimt
1 TL Ingwerpulver
½ TL Nelkenpulver (alternativ geschrotete Gewürznelken)
½ TL Salz
1 Dose Kondensmilch (400 g)
¼ TL frisch geriebene Muskatnussnuss
3 Eier

ZUBEREITUNG

1 Für den Mürbeteig das Mehl, den Zucker und 1 Prise Salz in einer Rührschüssel vermischen. Die Margarine zugeben und alles mit den Händen zu einem Teig kneten. Den Teig in Frischhaltefolie wickeln oder mit einem Geschirrtuch abdecken und für mindestens 30 Minuten kalt stellen.

2 Für die Füllung den Kürbis im Ganzen auf einem Backblech im Backofen bei 120°C ca. 20 -30 Minuten garen. Anschließend in Stücke schneiden und entkernen. Den Kürbis mit dem Zucker, Zimt, Ingwer-, Muskat-, Nelkenpulver, Salz und der Kondensmilch im Standmixer zu einer cremigen Masse pürieren. Zuletzt die Eier zufügen und ein paar Sekunden weitermixen.

3 Den Teig rund ausrollen und in eine runde Backform legen, dabei einen Teigrand hochziehen. Die Füllung auf dem Teigboden verteilen und den Pie im Backofen bei 170 °C ca. 20 Minuten backen, sodass der Kürbis noch etwas feucht und noch nicht knusprig ist.

4 Anschließend herausnehmen und abgekühlt servieren.

Fertig in 1 h 5 min · Schwierigkeit: 1

Wer liebt Zitronen auch so sehr, wie ich es tue? Für den kommt hier Lemon Drizzle Cake – und damit ein englischer Klassiker, der wie gemacht ist für den englischen Afternoon Tea.

LEMON DRIZZLE CAKE

ZUTATEN

Für 1 Kastenform (30 x 12 cm)

KUCHEN

Fett für die Form
200 g Weizenmehl + mehr für Form
1,5 TL Backpulver
½ TL Salz
200 g Zucker
2 EL Abrieb einer Bio-Zitrone
125 g Butter (Zimmertemperatur)
50 ml Sonnenblumenöl
2 große Bio-Eier
3 EL Zitronensaft
125 g griechischer Joghurt
125 g Lemon Curd

TOPPING

150 g Puderzucker
3 EL Zitronensaft
1 Schuss Sahne (nach Belieben)
1 TL Abrieb einer Bio-Zitrone

ZUBEREITUNG

1 Für den Kuchen den Backofen auf 175 °C vorheizen. Die Kastenform gut einfetten und mit Mehl ausstreuen.

2 Das Mehl, Backpulver und Salz in einer kleinen Schüssel mischen. Den Zucker und den Zitronenabrieb in einer weiteren Schüssel mischen und etwas ziehen lassen (man kann diesen Schritt auch am Abend vorher erledigen).

3 Die Butter und den Zitronenzucker wenige Minuten mixen. Dann das Öl zugeben und alles mit dem Handrührgerät weitere 2 Minuten mixen. Die Eier und den Zitronensaft zufügen und so lange mixen, bis eine dicke Masse entsteht. Den Joghurt untermischen. Zuletzt die trockenen Zutaten vorsichtig unterheben und alles zu einem Teig vermengen.

4 Die Hälfte des Teigs in der Kastenform verteilen. Den Lemon Curd kurz in einem Topf erwärmen und über den Teig gießen. Den Curd mit einem Schaschlikspieß in kleinen Wirbeln sanft mit dem Teig vermischen. Den restlichen Teig zugeben und glatt streichen.

5 Den Kuchen im vorgeheizten Ofen ca. 45 Minuten backen, dabei nach 30 Minuten von oben mit Backpapier abdecken, damit er nicht zu dunkel wird. Sobald er fertig ist, herausnehmen und in der Form abkühlen lassen. Anschließend stürzen.

6 In der Zwischenzeit für das Topping den Puderzucker, den Zitronensaft und nach Belieben die Sahne zu einer dickflüssigen Glasur verrühren. Über dem Kuchen verteilen und antrocknen lassen. Zuletzt den Kuchen mit dem Zitronenabrieb bestreuen und servieren.

TEA AND SCONES BLOG *Mein Name ist Simone. Auf meinem Blog dreht sich alles um das Thema Großbritannien. Meine Liebe zur Insel ist erst mit der Beziehung zu meinem englischen Ehemann zu richtig entflammt. Ich liebe das Leben und alles, was dazu gehört: Gutes und modernes Design, leckere selbstgemachte Kuchen und Kekse und unvergessliche Reisemomente.*

tea-and-scones.de tea_and_scones_blog teaandsconesblog

MRS
BRIDGES

Fertig in 1 h 30 min · Schwierigkeit: 1

Käsekuchen sind sehr vielfältig und variierbar, für mich das variabelste Kuchenrezept überhaupt. Ob im Ofen gebacken, oder im Kühlschrank ohne Backen gezaubert. Mit Soße, mit Früchten, oder einer Baiserhaube ... so vieles ist möglich!

HEIDELBEER-STREUSEL-KÄSEKUCHEN

ZUTATEN

Für 1 Springform (26 cm ø)

TEIG
200 g weiche Butter + mehr für die Form
400 g Weizenmehl
175 g Zucker
1 TL Backpulver
2 EL Milch
1 Ei

FÜLLUNG
100 g weiche Butter
100 g Zucker
4 Eier
900 g Magerquark
1 EL Zitronensaft
40 g Stärke
300 g frische Heidelbeeren

AUSSERDEM
Puderzucker zum Bestäuben (nach Belieben)

ZUBEREITUNG

1 Die Springform fetten und den Boden mit Backpapier belegen.

2 Für den Teig alle Zutaten zügig zu einem krümeligen Teig zusammenrühren. Zwei Drittel des Teigs in der Springform verteilen und gut festdrücken, dabei rundherum einen Rand von 3–4 cm hochziehen. Die Form für die Zeit der Zubereitung der Füllung kalt stellen.

3 Für die Füllung die Butter mit dem Zucker schaumig schlagen. Nach und nach die Eier zugeben und gut unterrühren. Dann den Quark und Zitronensaft gründlich unterrühren. Die Stärke zufügen und alles gut verrühren.

4 Den Backofen auf 170 °C Ober-/Unterhitze vorheizen. Die Springform aus dem Kühlschrank nehmen und die Füllung auf dem Teigboden verteilen. Die Heidelbeeren waschen und darauf verteilen. Zuletzt den restlichen Teig als Streusel darüber zerkrümeln.

5 Den Kuchen im vorgeheizten Ofen ca. 1 Stunde backen. Anschließend den Ofen ausschalten, die Ofentüre einen Spalt öffnen und den Kuchen darin vollständigen abkühlen lassen. Dann aus der Form lösen, nach Belieben mit etwas Puderzucker bestäuben und servieren.

homemadeandbaked* *homemadeandbaked* *homemadebaked

Fertig in 30 min · Schwierigkeit: 1

Was gibt es Besseres zum Nachtisch als eine fruchtig frische Erdbeertorte?

NO BAKE: ERDBEERTORTE MIT QUARK-SAHNE-FÜLLUNG

ZUTATEN

Für 8 Personen

BODEN
200 g Butterkekse
125 g Butter
Öl für die Form

Creme
500 g Quark
50 g Zucker
5 g Vanillezucker
1 TL Abrieb einer Bio-Zitrone
250 g Erdbeeren
6 Blatt Gelatine
200 g Sahne

FRUCHTSPIEGEL
250 g Erdbeeren, in Würfel geschnitten
25 g Zucker
3 Blatt Gelatine

TOPPING
500 g Erdbeeren, in Würfel geschnitten
Puderzucker zum Bestäuben
gehackte Pistazien zum Bestreuen

ZUBEREITUNG

1 Für den Boden die Kekse in einer Schüssel mit den Händen fein zerbröseln. Die Butter in einem kleinen Topf schmelzen. Mit dem Krümeln gut zu einem Teig verkneten. Einen Tortenring mit etwas Öl bepinseln und auf einem flachen Teller platzieren. Den Teig in die Form drücken und für 10 Minuten kalt stellen.

2 Für die Creme den Quark, Zucker, Vanillezucker und Zitronenabrieb in einer Schüssel vermischen. Die Erdbeeren in ein hohes Gefäß geben und sehr fein pürieren. Die Gelatine in kaltem Wasser einweichen. Anschließend ausdrücken, in einem Topf erwärmen und mit einem Schneebesen auflösen, dabei darauf achten, dass sie nicht zu heiß wird. Sobald sie flüssig ist, den Topf vom Herd nehmen und die Erdbeeren zufügen. Die Gelatinemasse auf die Temperatur der Quarkmischung abkühlen lassen. Anschließend zur Quarkmischung geben und gut miteinander verrühren.

3 Die Sahne steif schlagen und unter den Gelatine-Quark heben (nicht unterrühren, da die Luftigkeit sonst verloren geht). Den Tortenring aus dem Kühlschrank nehmen und die Creme auf dem Teigboden verteilen, glatt streichen und alles für mindestens 3 Stunden kalt stellen.

4 Für den Fruchtspiegel die Erdbeeren in ein hohes Gefäß geben und sehr fein pürieren. Dann den Zucker untermischen. Die Gelatine in kaltem Wasser einweichen. Anschließend ausdrücken, in einem Topf erwärmen und mit einem Schneebesen auflösen, dabei darauf achten, dass sie nicht zu heiß wird. Sobald sie flüssig ist, den Topf vom Herd nehmen und die Erdbeeren zufügen. Die Gelatinemasse auf Zimmertemperatur abkühlen lassen. Anschließend den Fruchtspiegel über die Creme im Tortenring gießen.

5 Für das Topping die Erdbeeren waschen, vom Strunk befreien und längs halbieren. So auf dem noch flüssigen Fruchtspiegel verteilen, dass die Torte schön damit bedeckt ist (z. B. indem man die Erdbeerhälften am äußeren Rand liegend auffächert und zur Mitte hin aufstellt). Die Torte für mindestens 2 Stunden kalt stellen, sodass der Fruchtspiegel ganz hart wird.

6 Vor dem Anrichten alles mit Puderzucker und Pistazien bestreuen. Vorsichtig den Rand abnehmen und die Torte servieren.

resipis_ RESIPIS resipis_schnelle_rezepte @Resipis

VEGAN

Fertig in 55 min · Schwierigkeit: 2

Ein saftiger Mandel-Kakao-Teig, verfeinert mit Ingwer und Kurkuma, gefolgt von einer Schokoladenmousse und einer rohveganen Kokos-Kakao-Creme. On Top Kokos-Rum-Kugeln – ein wahrer Traum für Schokoladenliebhaber!

KOKOS-SCHOKOLADEN-TORTE MIT VEGANEN RUMKUGELN

ZUTATEN

Für 6 Personen

TEIG

150 g Dinkelmehl
50 g gemahlene Mandeln
100 g Birkenzucker
1 ½ EL Kakaopulver
1 TL gemahlene Vanille
2 TL Backpulver
1 TL Kurkumapulver
½ TL Ingwerpulver
50 g Kokosöl + mehr für die Form
160 ml kohlensäurehaltiges Mineralwasser
2 EL Sojajoghurt

MOUSSE

300 g Reissahne
80 g vegane Nougatschokolade
40 g vegane Zartbitterschokolade
1 TL Kokosöl

KOKOS-KAKAO-CREME

der feste Teil von 1/2 Dose Kokosmilch (200 ml)
20 g Kokosflocken
2 EL Agavensirup
1 ½ EL Kakaopulver
etwas Kokoswasser (nach Bedarf)

KOKOS-RUM-KUGELN

30 g Raw-Schokolade
3 EL Kokosflocken
1 EL Rum
1 EL Ahornsirup
5 EL gemahlene Mandeln
1 ½ EL Kakaopulver
3 EL Kokosflocken zum Wälzen

AUSSERDEM

vegane Zartbitterschokolade zum Servieren

ZUBEREITUNG

1 Für den Teig den Backofen auf 180 °C Ober-/Unterhitze vorheizen. Die trockenen Zutaten in einer Schüssel vermengen. Dann die flüssigen zufügen und alles kurz mit dem Handrührgerät zu einem Teig vermengen. Eine Backform einfetten und den Teig darin verteilen. Die Torte im vorgeheizten Ofen. ca. 25 Minuten backen. Anschließend abkühlen lassen.

2 Für die Mousse die Sahne ca. 10 Minuten aufschlagen. Die beiden Schokoladen mit dem Kokosöl schmelzen und über die Sahne gießen. Die Masse kurz verrühren und bis zur weiteren Verwendung kalt stellen.

3 Für die Kokos-Kakao-Creme alle Zutaten in einer Schüssel vermengen, ist die Masse zu »dick«, etwas Kokoswasser zufügen.

4 Für die Kokos-Rum-Kugeln die Schokolade schmelzen. Danach mit den restlichen Zutaten in eine Schüssel geben und alles gut vermischen. Die Masse für ca. 20 Minuten kalt stellen. Anschließend daraus kleine Kügelchen formen und in einer Schüssel mit Kokosflocken wälzen.

5 Die Zartbitterschokolade schmelzen. Die Mousse auf der abgekühlten Torte verteilen und mit der Kokos-Kakao-Creme kleine Tupfer daraufspritzen. Die Torte mit den Kokos-Rum-Kugeln und der Zartbitterschokolade dekorieren und servieren.

deliciouslyveggie.com* ◎ *corinna.schober* ◎ *deliciously.veggie

Fertig in 5-10 Minuten · Schwierigkeit: 1

Fluffige Walnusswaffeln mit Joghurt und leckerer Schokoladencreme on top!

WALNUSSWAFFELN

ZUTATEN

Für 4 Waffeln

2 Eier
125 g griechischer Joghurt
20 g brauner Zucker
1 Prise Salz
1 TL Backpulver
120 g gemahlene Walnüsse
30 g Mehl
Kokosöl zum Einfetten

ZUM GARNIEREN
125 g griechischer Joghurt
1 EL Nutella
Beeren nach Wahl

ZUBEREITUNG

1 Die Eier trennen und das Eigelb für den Teig beiseitestellen.

2 Die beiden Eiweiß steifschlagen und auf die Seite stellen. In einer zweiten Schüssel die restlichen Waffelzutaten vermischen, das Eiweiß in 2 Portionen vorsichtig unterheben und den Teig portionsweise im mit Kokosöl eingefettetem Waffeleisen goldbraun ausbacken.

3 Den Joghurt und die Nutella verrühren und die Waffeln garniert mit Creme und Beeren genießen!

mintandohlala.com *@mintandohlala*

Fertig in 1 h · Schwierigkeit: 1

Diese süße Galette ist schnell gemacht und besticht durch ihr Innenleben: Unter köstlichem Pfirsich verbringt sich eine extra Schicht Marzipan und etwas Pfirsichpüree. Zugreifen!

PFIRSICH-GALETTE

ZUTATEN

Für 4 Personen

TEIG
250 g Mehl
125 g kalte Butter, in Stücken
80 g Zucker
1 Prise Salz
1 Eigelb
3 EL eiskaltes Wasser

BELAG
100 g Marzipan
3–4 EL Pfirsichpüree (z. B. ein Mus oder eine Pfirsich-Apfel-Mischung aus den Quetschtuben für Kinder. Alternativ reines Apfelmus verwenden oder das Püree ganz weglassen)
2 Pfirsiche
1 Eigelb, verquirlt
Rohrzucker (alternativ brauner Zucker) zum Bestreuen
essbare, getrocknete Blüten zum Bestreuen (nach Belieben)

ZUBEREITUNG

1 Für den Teig den Backofen auf 180 °C vorheizen und die Küchenmaschine mit Gemüsezerhacker (Multizerkleinerer oder Cook-Prozessor mit Vielzweckmesser) bereitstellen. Den Teig darin zuzubereiten ist zwar am Anfang ein »Massacker«, geht aber erstaunlich schnell und ergibt den mürbsten, knusprigsten Mürbeteig aller Zeiten. Dazu alle Zutaten für den Teig zusammen in den Zerkleinerer gegeben und auf hoher Stufe starten. Zuerst wird alles sehr krümelig vermengt, danach bildet sich eine Teigkugel. Der Teig ist dann fertig, daher unbedingt sofort mit dem Zerkleinern aufhören, sonst wird er zu warm, die Zutaten vermengen sich zu sehr und das »Mürbige« geht verloren. Wer keinen Multizerkleinerer hat, arbeitet mit den Händen: Zunächst die kalte Butter in Stücken in das Mehl geben und dann beides mit den restlichen Zutaten schnell zu einem festen Teig verkneten. Den Teig (zum schnelleren Durchkühlen) flach auf einen mit Backpapier ausgelegten Teller drücken, mit Frischhaltefolie bedecken und für ca. 20 Minuten kalt stellen. Anschließend den Teig auf ein mit Backpapier ausgelegtes Backblech geben und zu einem ca. 35 cm großen Kreis ausrollen.

2 Für den Belag das Marzipan auf einem Stück Frischhaltefolie dünn zu einem Kreis mit ca. 30 cm Durchmesser ausrollen. Dann umgedreht mit der Folie oben auf die Mitte des Mürbeteiges platzieren, sodass ein Rand von 5 cm frei bleibt, und die Folie abziehen. Das Marzipan mit dem Pfirsichpüree bestreichen.
Die Pfirsiche in dünne Spalten schneiden und die Spalten von der der Mitte der Galette aus beginnend, sternförmig und leicht überlappend wie Propellerblätter über der Marzipan-Püree-Schicht auslegen. Der äußere Rand sollte aus im Kreis aneinandergelegten Scheibchen bestehen.

3 Den Rand umschlagen, dabei kann es ruhig etwas »rustikal« zugehen, idealerweise sollte durch das Umschlagen ca. 3 cm des Rands bedeckt sein. Diesen Streifen rundum mit dem Eigelb bestreichen. Zum Schluss die Galette mit dem Zucker bestreuen und, wer mag, mit ein paar Blüten zur Deko.

4 Die Galette im vorgeheizten Ofen auf der zweite Schiene von unten 30 Minuten backen, bis der Rand goldbraun und knusprig ist. Herausnehmen und pur genießen oder mit einer Kugel Vanilleeis.

@sanddornundseegras f sanddornundseegras

Fertig in 45 min · Schwierigkeit: 1

Die unglaublich leckeren Toffifee-Cupcakes mit einem köstlichen Nutella-Topping sind ein Highlight für alle Kinder – und auch für Erwachsene. Extrem toller Geschmack!

TOFFIFEE-CUPCAKES MIT TOPPING

ZUTATEN

Für 12 Muffins

TEIG
3 Eier
150 g Mehl
125 g Zucker
100 g neutrales Öl
30 g gemahlene Mandeln
15 g Backkakao
3 EL Wasser
½ TL Backpulver
12 Toffifee-Pralinen

TOPPING
125 g Butter
75 g Puderzucker (alternativ Zucker)
3 EL Nutella
20 g Haselnusskrokant
12 Toffifee-Pralinen

ZUBEREITUNG

1 Für den Teig den Backofen auf 170 °C Ober-/Unterhitze vorheizen. Ein Muffinblech mit zwölf Papierförmchen auslegen. Die Eier und den Zucker mit dem Handrührgerät vermischen. Dann mit den restlichen Zutaten für den Teig, bis auf die Toffifees, in einer großen Schüssel in mindestens 30 Sekunden zu einem zähflüssigen Teig vermengen. Den Teig in den Papierförmchen verteilen. Jeweils ein Toffifee auf den Teig legen (nicht hineindrücken, das passiert von alleine) und die Muffins im vorgeheizten Ofen ca. 20 Minuten backen. Anschließend herausnehmen und abkühlen lassen.

2 Für das Topping die Butter ganz kurz in einem kleinen Topf erhitzen, sodass sie etwas weich wird (nicht flüssig). Anschließend in eine Schüssel umfüllen, den Puderzucker zugeben und beides gründlich miteinander vermengen. Nutella zufügen und vermischen, bis die Creme gleichmäßig untergerührt ist.

3 Das Topping in einen Spritzbeutel mit Sterntülle füllen und gleichmäßig auf den ausgekühlten Muffins verteilen. Das Haselnusskrokant über die Muffins streuen, jeweils ein Toffifee auf das Topping setzen und die Cupcakes servieren.

reiseschmaus.de ***reiseschmaus.de*** ***Reiseschmaus***

30 min Backzeit + Gehzeit · Schwierigkeit: 2

Die Füllung ergibt eine tolle Farbe und ist durch den Rhabarber und Zitronensaft schön säuerlich. Perfekt in Kombination mit dem süßen Briocheteig, der wunderbar weich und fluffig ist.

FRUCHTIGE SOMMERBABKA

ZUTATEN

Für 6 Personen

TEIG

200 g Weizenmehl Type 550 + mehr zum Bearbeiten
80 g Lievito Madre (milder italienischer Sauerteig)
10 g Puddingpulver (alternativ Mais- oder Kartoffelstärke)
1 Prise Salz
30 g Zucker
5 g frische Hefe
25 g Wasser
75 g Milch
1 Eigelb
feiner Abrieb von 1/2 Bio-Zitrone
45 g kalte Butter + mehr für die Form (nach Bedarf)
Öl für die Schüssel

FÜLLUNG

130 g Rhabarber, geschält
20 g Zucker + mehr (nach Bedarf)
Saft und feiner Abrieb von ½ Bio-Zitrone
80 g Heidelbeeren (frisch, gewaschen, oder TK, aufgetaut)

ZUBEREITUNG

1 Für den Teig alle Zutaten bis auf die Butter und das Öl in der Schüssel einer Küchenmaschine so lange kneten, bis der Teig anfängt, Spannung aufzubauen. Die Butter in kleine Stücke schneiden, in zwei bis drei Schritten hinzufügen und gut unterkneten. Anschließend mindestens 10 Minuten weiterkneten). In der Schüssel abgedeckt bei Zimmertemperatur 1–2 Stunden ruhen lassen. Anschließend den Teig durchkneten, um ihn zu entgasen. Zu einer Kugel formen, in eine leicht geölte Schüssel geben, abdecken und über Nacht kalt stellen.

2 Für die Füllung den Rhabarber in kleine Stücke schneiden. Mit dem Zucker und Zitronensaft in einem kleinen Topf aufkochen und ca. 6–10 Min. köcheln lassen, bis der Rhabarber weich wird. Die Heidelbeeren, den Zitronenabrieb und einen kleinen Schuss Wasser zugeben und die Mischung weitere 5 Minuten köcheln lassen. Sollte sie zu sauer sein, noch etwas Zucker zugeben. Die Füllung in eine Schüssel geben, abkühlen lassen, abdecken und ebenfalls kalt stellen.

3 Am nächsten Tag den Teig aus dem Kühlschrank nehmen und auf einer leicht bemehlten Arbeitsfläche zu einem Rechteck von ca. 30 x 35 cm ausrollen. Die Füllung auf der Teigplatte verteilen, dabei einen Rand von etwa 2 cm frei lassen. Den Teig aufrollen und die Rolle gut verschließen, damit keine Füllung herausläuft. Die Teigrolle für 15–30 Minuten kalt stellen (oder am besten anfrieren lassen).

4 In der Zwischenzeit eine Kastenform mit Backpapier auslegen oder gut fetten. Den Teig aus der Kühlung nehmen und mit einem Messer längs halbieren. Beide Stränge mit der Schnittfläche nach oben spiralförmig ineinanderschlingen und in die Kastenform legen. Die Form abdecken und den Teig 1–2 Stunden bei Zimmertemperatur gehen lassen; er sollte sich dabei in etwa verdoppeln.

5 Den Ofen auf 180 °C Ober-/Unterhitze vorheizen. Den Kuchen im vorgeheizten Ofen auf der mittleren Schiene 25–35 Minuten backen, dabei nach der Hälfte der Backzeit mit Alufolie abdecken, damit er nicht zu dunkel wird. Anschließend die Babka herausnehmen, abkühlen lassen und servieren.

homemadeandbaked *homemadeandbaked* *homemadebaked*

Fertig in 30 min. · Schwierigkeit: 1

Ich habe die Donuts nicht in Zucker/Zimt gewälzt, sondern sie noch warm einfach mit etwas Zimt bestäubt. Wenn der Euch nicht gut genug haftet, könnt Ihr die Donuts dünn mit etwas Ahornsirup bestreichen. Und wer einen richtig süßen Zahn hat, träufelt vor dem Essen noch extra Ahornsirup über den Donut …

ZUCKERFREIE DONUTS MIT APFELMUS

ZUTATEN

Für 2 Personen

150 g ungesüßtes Apfelmus
1 EL geschmacksneutrales Pflanzenöl
1 Ei
150 g Dinkelmehl
1 gestr. TL gemahlener Zimt + mehr zum Bestreuen
2 gestr. TL Backpulver
Ahornsirup (nach Belieben)

ZUBEREITUNG

1 Das Apfelmus mit dem Öl und dem Ei in einer Schüssel verrühren. Das Mehl, den Zimt und das Backpulver zugeben, kurz unterrühren und zu einem Teig vermengen (der Teig sollte sehr zäh und klebrig sein).

2 Den Backofen auf 220 °C Ober-/Unterhitze vorheizen. Den Teig mit zwei kleinen Löffeln in eine gefettete Donutform verteilen und glatt streichen. Die Donuts im vorgeheizten Ofen ca. 8–9 Minuten backen (der Teig sollte sich schön fluffig anfühlen, wenn man ihn leicht eindrückt).

3 Anschließend das Blech herausnehmen und die Donuts ca. 5 Minuten oder so lange, bis sie sich aus der Form lösen, abkühlen lassen. Anschließend die noch warmen Donuts herauslösen und entweder sofort mit Zimt bestreuen oder, falls verwendet, zuerst mit etwas Ahornsirup bestreichen und danach bestreuen.

4 Die Donuts am besten warm servieren. Für eine spätere Verwendung, kurz vor dem Servieren ca. 10 Sekunden in der Mikrowelle erwärmen.

kohlenpottgourmet.de *kohlenpottgourmet* *kohlenpottgourmet.de*

VEGAN

Fertig in 1 h 10 min · Schwierigkeit: 2

Mit seiner leckeren Füllung aus Haselnüssen und Mandeln ist dieser vegane Nusszopf das perfekte Herbst-Rezept. Unbedingt mal probieren!

VEGANER NUSSZOPF

ZUTATEN

Für 6 Personen

40 g frische Hefe (1 Würfel)
135 g Zucker
375 ml Mandeldrink + 1–2 EL mehr für den Guss
500 g Weizenmehl + etwas mehr zum Bearbeiten
40 g Margarine
Salz
200 g gemahlene Haselnusskerne
50 g Mandeln
8 EL Puderzucker

ZUBEREITUNG

1 Den Hefewürfel zerbröseln und mit 70 g Zucker und 250 ml Mandeldrink vermischen (am besten mit dem Schneebesen oder dem Handrührgerät). Das Mehl, die Margarine in kleinen Stücken und 1 Prise Salz dazugeben und alles gründlich mit den Händen zu einem Teig verkneten. Wenn er zu feucht ist, etwas mehr Mehl dazugeben. Den Teig abgedeckt an einem warmen Ort mindestens 1 Stunde gehen lassen.

2 Die Haselnüsse, die Mandeln, den restlichen Zucker und restlichen Mandeldrink in einer Schüssel gründlich zu einer Füllmasse vermischen.

3 Den Backofen auf 175 °C Ober-/Unterhitze vorheizen. Den Teig auf einer bemehlten Fläche ausrollen, mit der Füllung bestreichen und von der langen Seite her straff einrollen. Dann die Rolle halbieren und die langen Stränge umeinander herumwickeln. Die Enden mit etwas Wasser befeuchten und einklappen.

4 Den Zopf auf einem mit Backpapier ausgelegtem Backblech im vorgeheizten Ofen 25–30 Minuten backen. Anschließend herausnehmen und etwas abkühlen lassen.

5 1–2 EL Mandeldrink mit dem Puderzucker zu einem Guss vermischen. Diesen auf dem Zopf verteilen und den Kuchen servieren.

ihana.life* ⓘ *ihana_life* ⓕ *ihana.life

Fertig in 40 min. · Schwierigkeit: 1

Eine meiner liebsten Mehlspeisen aus Omas Küche sind süße Strudel aus Germteig (Hefeteig) – so wie dieser hier!

MOHNZOPF MIT PREISELBEEREN

ZUTATEN

Für 1 Kastenform (30 x 12 cm)

TEIG
250 ml Milch
50 g Zucker
20 g frische Hefe (Germ)
500 g Weizenmehl + mehr zum Bearbeiten
Salz
60 g weiche Butter + mehr für die Form (nach Belieben)
1 Ei

FÜLLUNG
200 ml Milch
70 g Zucker
1 Pck. Vanillezucker
200 g Mohn, frisch gequetscht oder gemahlen
30 g Grieß (Weizen oder Mais)
ca. 150 g Wildpreiselbeermarmelade

AUSSERDEM
Puderzucker zum Bestäuben

ZUBEREITUNG

1 Für den Teig 100 ml Milch mit dem Zucker leicht (handwarm) erwärmen. Die Hefe hineinbröseln und unter Rühren vollständig darin auflösen. Die restliche Milch Zimmerwärme annehmen lassen.

2 Das Mehl mit 1 Prise Salz in einer großen Rührschüssel vermengen. In die Mitte der Mischung ein tiefe Mulde drücken und die Hefe-Milch vorsichtig in die Mulde gießen. Mit dem Stiel eines Kochlöffels die Milch vorsichtig umrühren und dabei etwas Mehl einrühren, bis eine breiige Masse entsteht. Leicht mit Mehl bestäuben und alles mit einem sauberen Geschirrtuch abgedeckt an einem warmen Ort ca. 20 – 30 Minuten ruhen lassen, bis die Oberfläche des Vorteigs Risse zeigt.

3 Die restliche Milch, die Butter und das Ei zum Vorteig mischen und alles mit dem Knethaken des Handrührgeräts zu einem glatten Teig verarbeiten. Den Teig mit Mehl bestäuben und abgedeckt an einem warmen Ort ca. 1 Stunde ruhen lassen, bis sich sein Volumen verdoppelt hat.

4 Für die Füllung die Milch mit dem Zucker und dem Vanillezucker in einem Topf aufkochen. Den Mohn und den Grieß gut einrühren. Anschließend den Topf vom Herd nehmen und die Füllung abkühlen lassen.

5 Die Kastenform nach Belieben mit Butter einfetten oder mit Backpapier auslegen. Den Teig auf einer bemehlten Arbeitsfläche rechteckig ausrollen.
Die Füllung gleichmäßig auf dem Teig verstreichen, dabei rundum einen ca. 2 cm breiten Rand frei lassen. Die Preiselbeermarmelade in Klecksen auf der Füllung verteilen. Den Teig einrollen, längs halbieren, die zwei Teigstränge abwechselnd zu einem Zopf flechten, die Enden gut verschließen und den Zopf in die Kastenform setzen.

6 Den Backofen auf 180 °C vorheizen. Den Mohnzopf erneut ca. 20–30 Minuten ruhen lassen und anschließend im vorgeheizten Ofen ca. 40 Minuten backen. Herausnehmen, vollständig abkühlen lassen und vor dem Servieren mit etwas Puderzucker bestäuben.

genussatelierlang.com* *genussatelierlang* *genussatelierlang

Fertig in 42 min · Schwierigkeit: 1

Diese weichen Weihnachtstannenbäume aus einem Quark-Öl-Teig mit etwas Zimt und Orangenabrieb sind sooo schnell gemacht und superlecker!

SÜSSE WEIHNACHTSTANNENBÄUME

ZUTATEN

Für 16 Tannenbäume (Ausstecherlänge ca. 11 cm)

TEIG
200 g Quark (20 % Fett)
100 ml Keimöl
50 ml Milch
100 g Zucker
1 Ei
1 TL Vanillepaste
400 g Weizenmehl + mehr zum Bearbeiten
1 ½ Pck. Backpulver
1 Prise Salz
1 TL Zimt
1 TL Abrieb einer Bio-Orange

GLASUR
100 g Butter
100 g Zucker
1–2 TL gemahlener Zimt

ZUBEREITUNG

1 Für den Teig Quark, Öl, Milch, Zucker, Ei und Vanillepaste mit einem Schneebesen verrühren. Dann die restliche Zutaten zufügen und alles zu einem glatten Teig verkneten. Den Teig abgedeckt für 30 Minuten kalt stellen.

2 Den Backofen auf 170° C Ober-/Unterhitze vorheizen. Zwei Backbleche mit Backpapier auslegen.

3 Für die Glasur die Butter schmelzen. Den Zucker mit dem Zimt mischen.

4 Den Teig auf einer leicht bemehlten Arbeitsfläche ca. 1 cm dick ausrollen und mit einer Plätzchenform Weihnachtstannenbäume (oder mit beliebigen Formen andere gewünschte Motive) ausstechen. Die Tannen dünn mit etwas geschmolzener Butter bestreichen und auf den Backblechen verteilen. Die Plätzchen nacheinander im Ofen auf der mittlerer Schiene in 12–15 Minuten goldgelb backen.

5 Die Weihnachtstannenbäume herausnehmen, mit der restlichen Butter bestreichen und in der Zimt-Zucker-Mischung wälzen. Auf einem Kuchengitter etwas auskühlen lassen und am besten noch lauwarm genießen.

LISSI'S PASSION *Mein Name ist Sandra Elisabeth – Spitzname Lissi. Ich verbrachte meine Kindheit auf Sardinien, wo ein Stück meines Herzens heute noch ist. Sardinien und die sardische Küche ist für mich »Liebe« pur. Vermutlich entwickelte ich dort auf den Wochenmärkten meine Vorliebe für frische Lebensmittel. Etwas Schmackhaftes mit frischen Produkten aus der saisonalen und regionalen Küche zu zaubern ist etwas Wunderschönes und macht mich immer wieder glücklich. Heute kombiniere ich meine Leidenschaften Backen, Kochen und die Fotografie, um tolle Rezepte auf meinem Blog »Lissi's Passion« zu präsentieren.*

lissis-passion.de lissispassion lissispassion Lissi's Passion

Fertig in 50 min · Schwierigkeit: 1

Mit diesem Grundrezept gelingen Butterplätzchen garantiert. Diese hier werden ganz zart und haben einen feinen Buttergeschmack.

BUTTERPLÄTZCHEN

ZUTATEN

300 g Weizenmehl + mehr zum Bearbeiten
100 g Puderzucker
200 g Butter
1 Eigelb
ca. 5 Tropfen Butter-Vanille-Aroma

ZUBEREITUNG

1 Alle Zutaten rasch zu einem glatten Teig verkneten. Den Teig in Folie wickeln und für ca. 30 Minuten kalt stellen.

2 Anschließend den Backofen 180 °C vorheizen. Den Teig auf einer bemehlten Arbeitsfläche etwa 4 mm dick ausrollen und mit beliebigen Plätzchenformen gewünschte Motive ausstechen. Die Plätzchen auf ein mit Backpapier ausgelegtes Backblech legen und im vorgeheizten Ofen ca. 10 Minuten backen bzw. so lange, dass sie noch eine helle Farbe haben.

3 Herausnehmen und abkühlen lassen.

SOUL BAKERY *Ich bin Swantje, Kuchenjunkie und backe für mein Leben gern. Auf meinem Blog »Soul Bakery« teile ich meine Leidenschaft fürs Backen. Meine Leckereien sollen vor allem eins: Der Seele guttun und glücklich machen. Ich bin immer auf der Suche nach den schönen Dingen im Leben. In jeder Hinsicht mag ich es am liebsten einfach, natürlich und unkompliziert mit Ohhh-Effekt. So auch bei meinen Rezepten. Im Speziellen mag ich den Geruch von frisch gebackenem Streuselkuchen und Plätzchen, die könnte es von mir aus das ganze Jahr über geben. Außerdem liebe ich Bücher und könnte mich stundenlang in gut sortierten Buchläden aufhalten. Inspirierende Koch- und Backbücher begeistern mich dabei am meisten und ziehen mich magisch in ihren Bann.*
soulbakery_ @soulbakery.de soulbakeryblog

LIEBE

Fertig in 1 h 25 min · Schwierigkeit: 1

Dieses glutenfreie, fermentierte Buchweizenbrot ist ohne Hefe und sensationell lecker! Man benötigt lediglich drei bzw. maximal vier Zutaten und etwas Zeit. Ein richtig gutes Brot!

GLUTENFREIES BUCHWEIZENBROT

ZUTATEN

Einweichzeit: 8 h

360 g ungemahlener Buchweizen
1 TL Salz
3–4 EL Naturjoghurt (nach Belieben)
Kokosöl für die Form (nach Belieben)
Sesamkörnern für die Form
(nach Belieben)

ZUBEREITUNG

1 Den Buchweizen mit heißem Wasser gut abspülen. In einer Glas- oder Keramikschale mit ca. der doppelten Menge Wasser übergießen; der Buchweizen wird ordentlich Wasser ziehen, daher lieber zu viel als zu wenig Wasser verwenden. Die Schale mit einem Teller o. Ä. abdecken und den Buchweizen über Nacht einweichen.

2 Am nächsten Morgen den Buchweizen abgießen, gut abspülen und erneut 1–2 Minuten abtropfen lassen. Anschließend mit 120 ml frischem Wasser und dem Salz im Mixer (Küchenmaschine oder Standmixer) pürieren; wer einen Standmixer verwendet, ruhig etwas länger laufen lassen, damit wirklich alle Buchweizenkörner erwischt werden.

3 Die Masse in eine saubere Glas- oder Keramikschale geben. Nach Belieben den Naturjoghurt zufügen und gut unterrühren. Den Teig mit einem Gechirrtuch abgedeckt an einer relativ warmen Stelle (also nicht auf der Fensterbank, vor allem nicht im Winter) 24 Stunden ruhen lassen; er sollte dann kleine Bläschen aufweisen (ein Zeichen, dass die Bakterien schön aktiv sind).

4 Den Backofen auf 200 °C vorheizen. Eine Brotbackform entweder mit Backpapier auslegen oder nach Belieben mit Kokosöl bestreichen und den Boden und die Seiten mit Sesamkörnern bestreuen. Den Teig in der Form verteilen. Die Temperatur auf 180 °C reduzieren und das Brot im Ofen 1 Stunde backen.

5 Das Brot herausnehmen und gut, mindestens 1 Stunde, auskühlen lassen. Dann aus der Form lösen und servieren.

nutripassion *nutripassion*

Fertig in 1 h 20 min · Schwierigkeit: 2

Knuspriger, buttriger Strudelteig aus Dinkelmehl umhüllt saftige Zwetschgen mit einem Hauch von Zimt. Chrunch geben die gehackten Mandeln und das Müsli.

ZWETSCHGENSTRUDEL MIT GEHACKTEN MANDELN UND MÜSLI

ZUTATEN

Für 4 Personen

TEIG
150 g Dinkelmehl Type 630 + mehr zum Bearbeiten
60 ml lauwarmes Wasser
30 ml verquirltes Ei
1 TL neutrales Öl + mehr zum Bestreichen
½ TL Apfelessig
1 Prise Vanillesalz

FÜLLUNG
600 g Zwetschgen
3 EL Paniermehl (alternativ Semmelbrösel)
2 EL Müslimischung mit Nusskernen und Mandeln
Zimt zum Bestreuen
Zucker zum Bestreuen
50 g gehackte Mandeln
etwas gemahlene Vanille

AUSSERDEM
Butter zum Bestreichen
Puderzucker zum Bestäuben

ZUBEREITUNG

1 Für den Teig das Mehl mit den übrigen Zutaten vermischen und zu einem schönen, glatten, elastischen Teig kneten. Zu einer Kugel formen, mit Öl bestreichen, in Frischhaltefolie wickeln und bei Zimmertemperatur 20–30 Minuten ruhen lassen.

2 Ein Geschirrtuch dünn mit Mehl bestreuen. Den Teig darauflegen und vorsichtig von der Mitte her mit dem bemehlten Handrücken und/oder bemehlten Händen ganz dünn ausziehen, dabei darauf achten, dass die Ränder nicht zu dick sind und keine Löcher entstehen. Den Teig bis fast zum Rand ziehen, ggf. dicke Teigränder abschneiden. Das Muster des Tuches sollte zu sehen sein. Butter schmelzen und den Teig damit bestreichen.

3 Für die Füllung die Zwetschgen entkernen und grob würfeln. Den Backofen auf 200 °C Ober-/Unterhitze vorheizen. Ein Backblech mit Backpapier belegen.

4 Den Teig nochmals mit geschmolzener Butter bestreichen und mit etwas Paniermehl bestreuen, dabei an allen Seiten einen ca. 5 cm breiten Rand frei lassen. Die Zwetschgen mit 2 EL Paniermehl vermischen, so wird austretender Saft der Früchte aufgesogen. Das Müsli und die Zwetschgen auf der oberen Hälfte des Teigbodens verteilen, beide Hälften zunächst mit Zimt, Zucker und Vanille bestreuen, dann mit den Mandeln. Die schmalen Teigseiten über die Füllung legen und mithilfe des Tuches den Teig von der schmalen Seite her möglichst eng einrollen. Den Strudel vorsichtig vom Tuch auf das Blech rollen, dabei sollte die Naht unten liegen.

5 Den Strudel mit geschmolzener Butter bestreichen und im vorgeheizten Ofen ca. 35–40 Minuten hellbraun backen; sieht er dabei zu »trocken« aus, zwischendurch nochmals mit etwas Butter bestreichen. Anschließend herausnehmen, lauwarm oder ganz abkühlen lassen, mit Puderzucker bestäuben und servieren.

ICH HAB DA MAL WAS AUSPROBIERT *Mein Bloggername ist Katharina van Sontum und ich blogge seit August 2014. Mein Blog heißt »ich hab da mal was ausprobiert« und der Name ist Programm. Egal ob es Koch- oder Backrezepte sind, alles was uns schmeckt und was es wert ist aufzuschreiben, erscheint auf meinem Blog.*
katharinahatwasausprobiert.blogspot.com ⓕ ***KatharinavanSontum***

Fertig in 1 h 5 min · Schwierigkeit: 1

Diese Karamellschnitten (oft auch Millionärsschnitten genannt) schmecken wie selbst gemachtes Twix ... nur viel besser!

KARAMELLSCHNITTEN

ZUTATEN

Für 4 Personen

MÜRBETEIG

120 g Margarine (alternativ Butter) + mehr für die Form
170 g Weizenmehl
40 g Zucker

BELAG

400 g Kondensmilch
40 g brauner Zucker
40 g Butter
200 g Zartbitter- oder Vollmilch-kuvertüre (alternativ eine Mischung)
1 TL Abrieb einer Bio-Zitrone

ZUBEREITUNG

1 Ein Backblech mit Backpapier auslegen oder fetten. Den Backofen auf 180 °C Umluft vorheizen.

2 Für den Mürbeteig alle Zutaten in eine Schüssel geben und mit den Händen zügig zu einem glatten Teig verkneten. Den Teig gleichmäßig in die Form drücken und mit einer Gabel mehrmals einstechen. Den Schnittenboden im vorgeheizten Ofen ca. 20 Minuten backen, bis er goldbraun ist. Anschließend herausnehmen und in der Form etwas abkühlen lassen.

3 In der Zwischenzeit für den Belag eine große beschichtete Pfanne erhitzen und die Kondensmilch, den Zucker und die Butter darin unter ständigem Rühren bei niedriger Temperatur zum Kochen bringen. Sobald die Masse kocht, die Temperatur reduzieren und unter Rühren weitere 10–15 Minuten köcheln lassen, bis sich ein hellbraunes Karamell gebildet hat. Anschließend das Karamell auf dem Schnittenboden verteilen und glatt streichen. Dann gut abkühlen lassen.

4 Die Kuvertüre im Wasserbad schmelzen. Anschließend etwas abkühlen lassen, auf das Karamell geben und glatt streichen. Dann fest werden lassen.

5 Den belegten Boden in beliebig große Riegel, Quadrate oder Dreiecke schneiden und gleich servieren. Oder in einer Keksdose kühl gelagert aufbewahren, die Schnitten halten sich so einige Tage.

naschkatze.s_kuechenglueck *naschkatzeskulinarischestreifzuege* *naschkatze_foodblog*

Fertig in 1 h 10 min · Schwierigkeit: 2

Darf es heute ein schönes Frühstücksbrötchen sein? Der Teig fluffig und die Kruste richtig knusprig. Da kracht es beim Reinbeißen so richtig!

FRÜHSTÜCKSBRÖTCHEN KNUSPRIG & RAFFINIERT

ZUTATEN

Für 10 Brötchen

VORTEIG
15 g frische Hefe
½ EL Zucker
200 g Weizenmehl Type 405

HAUPTTEIG
300 g Weizenmehl Type 550 + mehr zum Bearbeiten
15 g Backmalz
10 g Salz
30 g flüssige Butter

ZUBEREITUNG

1 Für den Vorteig die Hefe mit dem Zucker in 300 ml lauwarmem Wasser auflösen. Das Mehl zufügen und so lange kneten, bis ein geschmeidiger weicher Teig entsteht. Den Vorteig mit Frischhaltefolie abdecken und an einem warmen Ort 1 Stunde gehen lassen.

2 Für den Hauptteig das Mehl mit Backmalz mischen, über den Vorteig sieben, das Salz und die Butter zufügen und mit der Küchenmaschine in 8 Minuten zu einem glatten Teig kneten. Den Teig mit einem Geschirrtuch abdecken und an einem warmen Ort 30 Minuten gehen lassen.

3 Anschließend den Teig auf einer bemehlten Arbeitsplatte in zehn Portionen teilen, rund formen und abgedeckt 10 Minuten ruhen lassen.
Dann die Teigstücke mit einem Rollholz 14 x 20 cm oval ausrollen und mit einem Pizzaschneider ca. sieben bis neun senkrechte Schnitten mit 0,5 cm Abstand einschneiden, dabei ist es wichtig, dass ringsum ein Teigrand zu sehen ist. Die eingeschnittene Teigplatte von der rechten unteren Seite, halb schräg nach oben, zu einer langen Stange aufrollen und zu einem Knoten formen.

4 Die Brötchen auf ein mit Backpapier ausgelegtes Backblech setzen, mit einem Geschirrtuch abdecken und weitere 45 Minuten gehen lassen. Den Backofen 30 Minuten bevor die Brötchen in den Ofen kommen auf 240 °C Ober-/Unterhitze vorheizen. Die Brötchen vorsichtig mit etwas Wasser bestreichen und mit Mehl bestäuben. Eine feuerfeste Schale mit Wasser füllen und auf den Boden des vorgeheizten Ofens stellen. Die Brötchen im Ofen auf der zweiten Schiene von unten 10 Minuten backen, danach die Temperatur auf 220 °C reduzieren, die Schale mit Wasser herausnehmen und die Brötchen in weiteren 15 Minuten fertig backen.

5 Die Brötchen herausnehmen, auf einem Kuchengitter abkühlen lassen und servieren.

lissis-passion.de lissispassion lissispassion Lissi's Passion

VEGAN

Fertig in 3 h 15 min · Schwierigkeit: 1

Ein wunderbar cremiges und veganes Kokos-Mango-Eis ohne Eismaschine. Das Eis ist komplett zuckerfrei und gelingt super einfach.

VEGANES KOKOS-MANGO-EIS

ZUTATEN

Für 2 Personen

2 reife Mangos (alternativ TK-Mango)
150 ml Kokosmilch
2 EL Ahornsirup
Saft von 1 Zitrone
20 g Pistazienkerne

ZUBEREITUNG

1 Die frischen Mango schälen, in kleine Stücke schneiden und mindestens 5 Stunden anfrieren lassen.

2 Die Mango anschließend im Hochleistungsmixer (oder mit dem Pürierstab) pürieren. Die Kokosmilch, den Ahornsirup und den Zitronensaft zugeben und alles weitermixen, bis die Masse eine cremige Konsistenz hat. Die Mischung in einer Kastenform verteilen und noch mal mindestens 2 Stunden anfrieren lassen.

3 Das fertig gefrorene Eis mit den Pistazienkernen garnieren und servieren.

reiseschmaus.de *Reiseschmaus*

Fertig in 45 min · Schwierigkeit: 1

Ein wunderbar samtiges Zwetschgenkompott mit Schuss – ideal für kalte Herbsttage.

BESCHWIPSTER ZWETSCHGENRÖSTER

ZUTATEN

Für 2 Gläser à 300 ml

700 g Zwetschgen
4 Zweige Rosmarin
120 g brauner Rohrzucker
Salz
1 Zimtstange
Saft und Abrieb von 1 Bio-Zitrone
1 Vanilleschote, Mark ausgekratzt
300 ml Madeira

ZUBEREITUNG

1 Die Zwetschgen entkernen und halbieren. Den Rosmarin waschen und trocken tupfen.

2 Den Zucker mit 1 Prise Salz, der Zimtstange, dem Zitronensaft und -abrieb sowie der Vanille in einen Topf geben und unter Rühren aufkochen. Die Mischung leicht karamellisieren lassen.

3 Die Früchte hinzufügen und einmal aufkochen lassen. Mit dem Madeira ablöschen. Den Rosmarin zugeben und alles 15–20 Minuten einkochen lassen.

4 Sobald die Zwetschgen ihre typische dunkelrote Farbe entfaltet haben und fast nicht mehr stückig sind, in sterilisierte Gläser abfüllen und auskühlen lassen.

5 Den Zwetschgenröster entweder sofort servieren oder für später aufbewahren: Fest verschlossen ist er bis zu 2 Monate im Kühlschrank haltbar. Um ihn im Vorratsschrank zu lagern, bei 100 °C im Wasserbad einkochen.

LEBKUCHENNEST *Ich bin Isabella – passionierter Foodie, selbstständige Food-Fotografin und Autorin. Ich bin 28 Jahre jung und lebe im schönen Nürnberg. Bei mir dreht sich alles ums Selbermachen, Resteverwertung, außergewöhnliche Rezepte und kulinarische Reisen. Auf meinem Blog »Lebkuchennest« vereine ich meine größten Laster: Kochen, Essen, Fotografie und Schreiben. Ich bin keine gelernte Köchin, aber dennoch begleitet mich das Thema Food schon mein ganzes Leben. Als kleines Küken stand ich noch in der Küche meiner Großmutter und durfte die Backschüsseln ausschlecken, mit 20 durfte ich bereits mein erstes Kochbuch veröffentlichen. Auch beruflich drehte sich bei mir als gelernte Metzgerin schon früher alles rund um gute Lebensmittel. Darum möchte ich meine Erfahrungen gern mit meinen Lesern teilen.*

lebkuchennest.de* *lebkuchennest* *lebkuchennest* *lebkuchennest

ZWETSCHGEN
LIEBE

Brombeer-Mango

Fertig in 50 min · Schwierigkeit: 1

Ich habe mich bei dieser »Doppel-Konfitüre« für Brombeeren und Mango entschieden, da der Brombeeranteil angenehm sauer ist und der Mangoanteil dies durch seine Süße gut ausgleicht.

ZWEIFARBIGE BROMBEER-MANGO-KONFITÜRE

ZUTATEN

Für 4–5 Gläser (je nach Größe)

500 g Brombeeren
500 g Mango (ca. 2 Stück)
500 g Gelierzucker 2:1

ZUBEREITUNG

1 Die Brombeeren waschen, abtropfen lassen und in einen Topf geben. Mit dem Pürierstab (oder im Standmixer) gut pürieren. Wer keine Kerne in der Konfitüre mag, streicht die Beeren durch ein Sieb. 250 g Gelierzucker zugeben, aufkochen und 5 Minuten sprudelnd kochen lassen, dabei ständig umrühren. Die Gelierprobe durchführen.

2 In der Zwischenzeit die Gläser vorbereiten: Gläser und Deckel mit kochendem Wasser ausspülen. Dann die Gläser schräg legen, sodass die Brombeerkonfitüre später schräg hineingegossen werden kann (dazu am besten z. B. ein Geschirrtuch in eine Box legen und damit die Gläser etwas fixieren).

3 Die Brombeerkonfitüre mit einem Trichter bis zum Rand in die vorbereiteten Gläser gießen und vollständig abkühlen lassen.

4 Die Mangos schälen, entkernen und das Fruchtfleisch in einen sauberen Topf geben. Mit dem Pürierstab (oder im Standmixer) gut pürieren. Den restlichen Gelierzucker (250 g) zugeben, aufkochen und 5 Minuten sprudelnd kochen lassen, dabei ständig umrühren. Die Gelierprobe durchführen.

5 Die Gläser wieder gerade stellen und die Mangokonfitüre vorsichtig bis zum Rand hineingießen. Gläser sofort verschließen und abkühlen lassen. Die Gläser nicht wie sonst dabei üblich auf den Kopf stellen, da es passieren kann, dass sich beide Farben vermischen.

homemadeandbaked *homemadeandbaked* *homemadebaked*

Fertig in 50 min. Schwierigkeit: 1

Der Vorteil an gefrorenen Himbeeren ist, dass man nicht besonders vorsichtig sein muss, wenn man sie in die Kugelmasse einarbeitet. Ich bin ja nicht wirklich filigran veranlagt und so frische Himbeeren nehmen einen Grobmotorik eher übel. Zudem kühlen die gefrorenen Beeren den Teig direkt mal mit, wenn man die Bällchen geformt hat.

ZUCKERFREIE KOKOSKUGELN MIT HIMBEEREN

ZUTATEN

Für 17 Bällchen

50 g Cashewmus (aus dem Glas; alternativ selbst gemacht, aus 50 g Cashewkernen + etwas Öl nach Bedarf)
110 g Kokosmus (z. B. von Alnatura)
80 g Kokosöl
max. 1 TL heller Sirup nach Wahl
90 g Kokosraspel
20 Himbeeren, tiefgekühlt

ZUBEREITUNG

1 Für das selbst gemachte Cashewmus die Cashewnüsse im Hochleistungsmixer zu Mus verarbeiten, ggf. ein wenig Öl zugegeben, falls die Masse zu fest ist. Das Cashewmus mit dem Kokosmus und dem Kokosöl im Wasserbad schmelzen.

2 Den Sirup und die Kokosraspel untermischen und die Masse im Kühlschrank ca. 30 Minuten fest werden lassen. Falls sie nur an der Oberfläche fest und darunter noch relativ weich bzw. flüssig ist, kräftig durchrühren. Falls sie danach nicht fest ist, noch einmal kalt stellen, bis eine formbare Konsistenz erreicht ist.

3 Die Himbeeren aus der Kühlung nehmen. Jeweils einen Klecks von der Kokosmasse abnehmen, in der Hand flach drücken, 1 Himbeere hineinsetzen, die Masse darüberformen und mit den Händen zu einer Kugel rollen. Anschließend in den Kokosraspeln wälzen (durch das Öl in der Masse sind die Kugeln sehr feucht, weshalb die Kokosraspel dann prima daran haften).

4 Die Kugeln entweder sofort servieren oder bis zum Verzehr im Kühlschrank aufbewahren.

kohlenpottgourmet.de ***kohlenpottgourmet*** ***kohlenpottgourmet.de***

VEGAN

VEGAN

Fertig in 30 min · Schwierigkeit: 1

Die cremige Pannacotta und die fruchtige Granatapfel-Rote-Grütze sind das perfekte Paar für ein leckeres Dessert.

VEGANE PANNACOTTA MIT TONKABOHNE, ROTER GRÜTZE, ZIMT UND KARDAMOM

ZUTATEN

Für 4 Personen

PANNACOTTA
500 g pflanzliche Sahne
2 EL Puderzucker (alternativ andere Süße nach Wahl)
Salz
2 TL Agar-Agar
etwas Abrieb einer Tonkabohne

ROTE GRÜTZE
750 g gemischte rote Beeren (frisch, gewaschen, oder TK, mindestens halb aufgetaut)
150 g Granatapfelkerne (frisch, gewaschen, oder TK, mindestens halb aufgetaut)
80 ml Ahornsirup
1 gehäufter EL Tapiokastärke
¼ TL gemahlener Kardamom
1 Msp. gemahlener Zimt

ZUBEREITUNG

1 Für die Pannacotta die Sahne in einen Topf gießen, ca. 2 EL davon abnehmen und in eine separate große Schüssel geben. Die Sahne in dem Topf mit dem Puderzucker, 1 kleinen Prise Salz sowie dem Tonkabohnenabrieb erhitzen und 3–4 Minuten sanft köcheln lassen.

2 Währenddessen das Agar-Agar zu der kalten Sahne in die Schüssel geben und klümpchenfrei glatt rühren. Einige EL der kochenden Sahne aus dem Topf zugeben und gründlich verrühren. Anschließend etwas abkühlen lassen und dann zügig und gleichmäßig den Rest der gekochten Sahne unterrühren.

3 Silikonformen oder Schälchen bereitstellen (die Silikonformen am besten vor dem Befüllen einmal kurz mit kaltem Wasser ausspülen und nur ausschütteln – nicht abtrocknen. So lässt sich die Pannacotta später besser herauslösen). Die Masse in den Formen verteilen und vollständig abkühlen lassen (die Pannacotta wird erst im kalten Zustand fest).

4 Für die Rote Grütze die Beeren und die Granatapfelkerne mit dem Ahornsirup in einem Topf bei mittlerer Temperatur erhitzen. Den Kardamom hinzufügen und die Früchte sanft köcheln lassen, bis sie eine leichte Marmeladenkonsistenz angenommen haben. Dann die Tapiokastärke unterrühren und alles weitere 1–2 Minuten kochen lassen. Zum Schluss mit dem Zimt abschmecken und zum Abkühlen in ein großes Gefäß umfüllen.

5 Anschließend sofern Silikonformen verwendet wurden, die Unterseite kurz in warmes Wasser tauchen (das hilft beim Auslösen). Die Pannacotta auf einen flachen Teller stürzen, etwas Rote Grütze darübergeben und servieren.

HAPPY.MOOD.FOOD *Ich heiße Stephanie. Bei mir dreht sich alles ums Essen. Und ums Glücklichsein. Wir leben in einer hektischen Zeit, die oft von zu viel Terminen und Arbeit geprägt ist und uns zu wenig Raum für unsere persönlichen Bedürfnisse lässt. Eine ausgewogene Ernährung, die mehr als nur satt macht, kommt da oft viel zu kurz. Dabei sind es gerade die richtigen Lebensmittel, die einen großen Effekt auf unsere seelische und körperliche Gesundheit haben. Als ayurvedischer Ernährungscoach beschäftige mich intensiv mit der Wirkung der Ernährung auf unsere Psyche und teile mein Wissen gerne: damit sie echtes »Happy Mood Food« auf ihre Teller bringen!*
happy.mood.food happymoodfood happymoodfood/_created

Fertig in ca. 15–20 min · Schwierigkeit: 1

Ein Klassiker neu interpretiert: Wer kennt nicht den »Heiße Liebe«-Eisbecher mit Vanille und heißen Himbeeren?! Wie wäre es mit einer gesunden und veganen zimtigen Variante, einem »Heiße Liebe«-Porridge zum Frühstück? Und dazu gibt es karamellisierte Banane.

VEGANES »HEISSE LIEBE« PORRIDGE MIT KARAMELLISIERTER BANANE

ZUTATEN

Für 1 Person

PORRIDGE
60 g Haferflocken
½ Banane (längs halbiert)
½ TL Zimt

KARAMELLISIERTE BANANE
1 EL Ahornsirup
½ Banane (längs halbiert)
Himalayasalz

TOPPING
150 g TK-Himbeeren + mehr (nach Belieben)
½ Vanilleschote, Mark ausgekratzt
1–2 EL Ahornsirup
Kokosflocken (nach Belieben)
frische Früchte nach Wahl (nach Belieben)

ZUBEREITUNG

1 Für den Porridge ca. 250 ml Wasser mit den Haferflocken in einem Topf niedriger Temperatur einige Minuten köcheln lassen, dabei immer wieder prüfen, dass nichts anbrennt. Anschließend die halbe Banane mit einer Gabel fein zerdrücken, zugeben und alles einige Minuten köcheln lassen, die Gesamtgarzeit beträgt 7–10 Minuten.

2 Für die karamellisierte Banane in der Zwischenzeit den Ahornsirup in einer keramikbeschichteten Pfanne erwärmen, die halbe Banane mit der Schnittflächen nach unten hineinsetzen und bei niedriger Temperatur karamellisieren lassen. Die Banane mit 1 Prise Himalayasalz bestreuen und weitergaren, dabei nicht aus den Augen lassen, die Gesamtgarzeit beträgt 7–10 Minuten.

3 Für das Topping in der Zwischenzeit die Himbeeren mit 1 EL Wasser in einem weiteren Topf aufkochen (wer keinen zweiten Topf benutzen möchte, kann den fertigen Porridge in eine Schüssel füllen, den Topf kurz mit Wasser ausspülen und darin die heißen Himbeeren zubereiten). Die Vanille und den Ahornsirup unterrühren.

4 Den Porridge in einer Schüssel verteilen, die Banane und die heißen Himbeeren darübergeben. Alles nach Belieben mit Kokosflocken, weiteren Himbeeren oder anderen Früchten garnieren und servieren.

STARDUST AND PANTRIES *Ich bin Betty und auf meinem healthy Lifestyle-Blog »Stardust And Pantries« dreht sich alles um ein gesundes und fröhliches Leben. Angefangen hat's mit unkomplizierten und schnellen vegetarischen Gerichten. Da ich selbst nun seit zwei Jahren vegan lebe, sind mehr und mehr vegane und glutenfreie dazugekommen. Neben einfachen Rezepten finden meine Leser auf meinem Blog außerdem Self-Care-Inspirationen und Ideen für ein nachhaltiges Leben.*
stardustandpantries.de betty_stardustandpantries bmstardust

Fertig in 2 h 25 min · Schwierigkeit: 1

Pumpkin Pie ist nicht sehr typisch hier in der Schweiz, aber ich bin ein großer Fan und habe beschlossen, diese Brötchen zu machen.

PUMPKIN-PIE-ZIMTSCHNECKEN

ZUTATEN

Für 6 Personen

TEIG
180 ml Milch
42 g frische Hefe (1 Würfel)
500 g Weizenmehl
80 g Zucker
3 g Salz
3 Eier + 1 Eigelb zum Bestreichen
1 TL Vanillepaste
90 g weiche Butter
8 g grob gemahlener Kardamom

ZIMTFÜLLUNG
150 g weiche Butter
50 g brauner Zucker (z. B. Muscovado)
30 g Zucker
10 g gemahlener Zimt
5 g gemahlener Kardamom

KÜRBISFÜLLUNG
400 g Kürbispüree (aus dem Glas)
2 TL gemahlener Zimt
1 TL gemahlener Ingwer
¼ TL frisch geriebene Muskatnuss
1 Tl gemahlener Kardamom
1 Vanilleschote, Mark ausgekratzt
80 g Zucker

GLASUR
100 g Puderzucker
30 g Kürbispüree (aus dem Glas)
20 ml Mandelmilch
¼ TL Vanillepaste
¼ TL Zimt, gemahlen

ZUBEREITUNG

1 Für den Teig die Milch lauwarm erwärmen und die Hefe darin auflösen. Die Mischung mit den restlichen Zutaten in eine Schüssel geben und in ca. 5–6 Minuten zu einem glatten Teig verkneten. Den Teig abdecken und ca. 2 Stunden ruhen lassen.

2 In der Zwischenzeit für die Zimtfüllung alle Zutaten gut vermischen.

3 Für die Kürbisfüllung das Püree mit den Gewürzen und dem Zucker in einem kleinen Topf vermischen und auf niedriger Stufe um die Hälfte reduzieren, dann auskühlen lassen.

4 Den Teig bis zu 1 cm dick ausrollen. Zunächst die Zimt-, dann die Kürbisfüllung gleichmäßig darauf verteilen und einmal zusammenklappen. Den Teig in 2 cm dicke Streifen schneiden und jeweils 3 Stränge zu Zöpfen flechten. Die Zöpfe in Knoten drehen und diese in die Mulden einer Muffinform legen. Die Schnecken mit Eigelb bestreichen und 30 Minuten ruhen lassen. Anschließend im Backofen bei 180 °C in ca. 15–20 Minuten goldbraun backen.

5 Schnecken herausnehmen und auskühlen lassen. Für die Glasur alle Zutaten verrühren. Die Schnecken aus der Form nehmen, mit der Glasur glasieren und servieren.

NIEMI *Ich bin Laura Niemi, 31 Jahre als und vom Beruf Patissier. Ich habe schon früh gemerkt, dass ich das Backen liebe. Es hat mich immer sehr fasziniert, was man aus wenigen Zutaten alles kreieren kann. Meine Begeisterung wurde immer größer und die deutsche Tradition der Konditorei hat mich schon immer inspiriert. Daher habe ich meine Ausbildung und meinen Meister in Deutschland absolviert. Seit knapp 7 Jahren wohne ich in der Schweiz. Das Kreieren neuer Rezepte und das Teilen auf meinem Blog »Niemi« bringt mir viel Freude.*
***niemi.ch* niemi.ch chniemich**

Fertig in 4 h · Schwierigkeit: 1

Das ist ein ganz einfaches und leckeres Rezept für würziges Pflaumenmus aus dem Backofen ohne stundenlanges Kochen und lästiges Umrühren. Wer mag, kann es außerdem mit Orangenlikör verfeinern – für noch mehr Fruchtgeschmack.

WÜRZIGES PFLAUMENMUS AUS DEM BACKOFEN

ZUTATEN

2,5 kg Pflaumen
150 g Rohrohrzucker
150 g Zucker
1 leicht gehäufter TL gemahlener Zimt
½ TL Gewürznelken
1–2 Schnapsgläser Orangenlikör (nach Belieben)

ZUBEREITUNG

1 Die Pflaumen halbieren und entsteinen. Beide Zuckersorten mit den Gewürzen vermischen. Die Früchte in eine ofenfeste Form geben und mit dem Gewürzzucker vermengen. Nach Belieben mit dem Orangenlikör übergießen und erneut gut vermischen. Die Pflaumen dann 2–3 Stunden ziehen lassen.

2 Anschließend die Früchte in der Form im Backofen bei 180 °C ca. 2 Stunden einkochen lassen, dabei zwischendurch ein- bis zweimal umrühren.

3 Gläser mit Schraubverschluss mit kochendem Wasser ausspülen bzw. sterilisieren. Das Mus aus dem Ofen nehmen und nach Belieben mit dem Pürierstab pürieren. In die Gläser füllen und fest verschließen. Das Mus entweder sofort servieren oder aufbewahren, im Kühlschrank hält es sich geöffnet ca. 2 Wochen und im Vorratsschrank ungeöffnet mehrere Monate .

soulbakery_ @soulbakery.de soulbakeryblog

Fertig in 30 min · Schwierigkeit: 1

Ein knuspriges Granola mit einem Hauch von Fernweh: Orangen, Datteln und Mandeln entführen ins sonnige Andalusien.

GRANOLA ANDALUZ

ZUTATEN

Für ein Glas à 1500 ml

150 g Haferflocken
100 g Mandeln, grob gehackt
80 g Tasse Leinsamen
40 g Kokosflocken
80 g Sesamsamen
60 g Sonnenblumenkerne
70 ml Olivenöl
200 ml Agavendicksaft
1 TL Salz
1 TL Zimt, nach Belieben
40 g getrocknete Orangenscheiben
1 Handvoll Datteln, gehackt

ZUBEREITUNG

1 Haferflocken, Mandeln, Leinsamen, Kokosflocken, Sesam und Kerne mit dem Olivenöl, dem Agavendicksaft, dem Salz und dem Zimt mischen.

2 Den Backofen auf 190 °C Ober-/Unterhitze vorheizen. Die Masse auf einem mit Backpapier ausgelegtem Backblech verteilen und in ca. 15–20 Minuten goldbraun backen, dabei zwischendurch wenden.

3 Das Granola herausnehmen und abkühlen lassen, dabei werden die Körner trocken und fest. Die Orangenscheiben und Datteln nach dem Abkühlen zufügen.

piasdeli piasdeli piasdeli PiasDeli

Fertig in ca. 10 min · Schwierigkeit: 1

Wenn jetzt jemand sein Näschen in meine Küche stecken könnte: Bei dem Duft kann jede Duftkerze einpacken, mhmmm! So schnell gemacht und sehr lecker – das 5-Minuten Weihnachts-Granola aus der Pfanne.

5-MINUTEN WEIHNACHTS-GRANOLA

ZUTATEN

Für 2 Personen

40 g kernige Haferflocken (alternativ ungezuckerte Flockenmischung)
40 g gehackte Nüsse und andere Kerne nach Wahl (z. B. Mandeln, Haselnüsse, Pekannüsse, Kürbiskerne)
1 großer EL Kokosöl
½ TL Lebkuchengewürz
1 große Prise gemahlener Zimt (nach Belieben)
1 Msp. gemahlene Vanille (nach Belieben)
Salz
1 EL Ahornsirup (alternativ Honig)

ZUBEREITUNG

1 Die Haferflocken und die Nüsse mit dem Kokosöl in einer Pfanne verrühren und erhitzen, bis sie anfangen zu duften.

2 Die Gewürze, 1 Prise Salz und den Ahornsirup unterrühren, bis alles gut vermischt ist.

3 Die Masse herausnehmen und vor dem Servieren auf einem großen kalten Teller verteilen und abkühlen lassen; der typische »Knusper« entsteht, wenn das Granola erkaltet ist.

UNTERFREUNDEN *Ich bin Marion und lebe in der Nähe von Heidelberg. Auf »Unterfreunden« blogge ich seit 2015 gut gelaunt und mit viel Herzblut über die schönen Dinge im Leben, die man gerne mit Freunden teilt: Lieblingsrezepte, einfache DIY-Ideen, Reisen zu den Lieblingsorten, tolle Adressen in der Rhein-Neckar-Region und seit Kurzem über unser Holland-Häuschen am Meer!*
unterfreundenblog.com* Instagram *unterfreundenblog* Facebook *Unterfreunden

Fertig in 1 h 15 min · Schwierigkeit: 1

Ein saftiger Lebkuchen-Kaffee-Teig gefolgt von einer luftigen Schokoladenmousse – das perfekte Dessert für Weihnachten! Falls eine Kindervariante gewünscht ist: einfach dem Rum weglassen. Den Boden kann man übrigens auch als Kuchen verwenden. Dafür in einer Kastenform oder Guglhupfform ca. 45 Minuten backen und ohne die Creme genießen.

LEBKUCHEN-SCHOKOLADEN-TIRAMISU-TÖRTCHEN

ZUTATEN

Für 4 Personen

TORTENBODEN
270 g Weizenmehl
150 g Zucker
2 EL Kakaopulver
2 TL Backpulver
½ TL Lebkuchengewürz
½ TL gemahlener Zimt
½ TL gemahlene Bourbonvanille
70 ml Öl + mehr für die Form (nach Belieben)
120 ml frisch gekochter Espresso (alternativ Kaffee)
1 EL Rum + mehr (nach Belieben)
120 ml pflanzliche Milch (z. B. Vanilledrink)
50 g Vollmilch-Schokolade

CREME
400 ml pflanzliche aufschlagbare Sahne
1 Pck. Sahnesteif
100 g Kokosmilch-Schokolade (z. B. von Naturata) + mehr zum Bestreuen (nach Belieben)
Kokosöl zum Schmelzen (nach Bedarf)
½ TL Lebkuchengewürz
½ TL gemahlener Zimt
½ TL gemahlene Bourbonvanille
1–2 EL Espressopulver (alternativ Cappuccinopulver)
Kakaopulver zum Bestreuen (nach Belieben)

ZUBEREITUNG

1 Für den Tortenboden Mehl, Zucker, Kakaopulver, Backpulver, Lebkuchengewürz, Zimt und Vanille in einer Schüssel vermengen. Öl, Espresso, Rum und pflanzliche Milch in einer weiteren Schüssel verrühren. Dann die flüssigen Zutaten zu den trockenen geben und alles mit dem Handrührgerät kurz verrühren. Die Schokolade in feine Stücke hacken oder reiben und mit dem Löffel unter den Teig heben.

2 Den Backofen auf 185 °C Ober-/Unterhitze vorheizen. Eine Tortenform mit Backpapier auslegen oder nach Belieben fetten und den Teig gleichmäßig darin verteilen. Den Boden im vorgeheizten Ofen ca. 25–35 Minuten, je nach Größe der Form, backen; am besten eine Stäbchenprobe machen, um ein optimales Backergebnis zu erzielen. Anschließend aus der Form lösen und gut abkühlen lassen.

3 Für die Creme die Sahne mit dem Sahnesteif aufschlagen. Die Schokolade im Wasserbad schmelzen, ggf. etwas Kokosöl zufügen.
Anschließend die Schokolade mit den Gewürzen und dem Espressopulver zur Sahne geben und alles mit dem Handrührgerät verrühren. Die Creme für mindestens 2 Stunden kalt stellen, bis sie schön kompakt und spritzfest ist.

4 Etwas Creme gleichmäßig auf dem Tortenboden verstreichen. Den Rest der Creme in einen Spritzbeutel füllen und kleine Tupfer auf die Torte spritzen. On top nach Belieben etwas Kakaopulver oder geriebene Schokolade streuen und die Torte servieren.

unterfreundenblog.com *unterfreundenblog* *Unterfreunden*

Fertig in 30 min. · Schwierigkeit: 1

Fluffige Herzwaffeln mit einer cremigen Sauce aus Walnussnougat und Tahini – eine süße Versuchung.

SCHOKOLADENWAFFELN MIT WALNUSS-TAHINI-SAUCE

ZUTATEN

Für 2 Personen

TEIG

120 g Mehl (Dinkelmehl oder Weizenmehl)
2 EL Kakaopulver
1 EL Rohrzucker
2 EL gemahlene Walnusskerne
½ TL Backpulver
½ TL gemahlener Zimt
170 ml Mandelmilch
30 ml Mineralwasser

SAUCE

100 g Walnussnougat
½ EL Kokosöl
5 EL pflanzliche Sahne
1 EL Tahini (Sesampaste)
½ TL Chilipulver (nach Belieben)
½ TL Ingwerpulver (nach Belieben)

ZUBEREITUNG

1 Für den Teig das Mehl und den Kakao in eine Schüssel sieben. Die restlichen Zutaten zufügen und alles gut miteinander vermischen.

2 Das Waffeleisen vorheizen und dann jeweils 3–4 EL Teig darin zu einer Waffel backen. Mit dem restlichen Teig ebenso verfahren, bis er aufgebraucht ist.

3 Für die Sauce den Walnussnougat mit dem Kokosöl im Wasserbad schmelzen Die Sahne und Tahini zugeben und alles verrühren, bis eine cremige Sauce entsteht. Nach Belieben zum Schluss mit Chili und Ingwer verfeinern.

4 Die Waffeln bis zum Servieren im Ofen warmhalten und dann mit der Sauce garnieren.

deliciouslyveggie.com* *corinna.schober* *deliciously.veggie

Fertig in 30 min · Schwierigkeit: 1

Rezept für saftige Vanille Amerikaner. Der Klassiker ist perfekt für Kindergeburtstage und auf jedem Kuchenbuffet ein Bestseller.

SAFTIGE VANILLE AMERIKANER MIT ZITRONIGEM ZUCKERGUSS

ZUTATEN

110 g Butter oder Margarine
100 g Zucker
1 Prise Salz
2 Eier
250 g Mehl
1 Päckchen Vanillepudding Pulver
1 TL Vanillepaste
3 TL Backpulver
100 ml Milch

ZUCKERGUSS
ca. 100g Puderzucker
Zitronensaft

ZUBEREITUNG

1 Den Ofen auf 160 °C vorheizen. Für den Teig Butter oder Margarine geschmeidig rühren und nach und nach den Zucker, das Salz und die Vanillepaste hinzufügen, bis eine gebundene Masse entstanden ist. Nun die Eier einzeln nacheinander gut einrühren (entweder mit einem Handrührgerät oder mit der Maschine).

2 Das Mehl mit dem Backpulver und dem Puddingpulver vermischen und dann abwechselnd mit der Milch in 2 Portionen kurz auf mittlerer Stufe unterrühren.

3 Den Teig mit 2 Esslöffeln in Häufchen, nicht zu dicht nebeneinander, auf ein mit Backpapier ausgelegtes Backblech geben. Im vorgeheizten Backofen bei 160° für ca. 15-18 Minuten backen (abhängig vom Ofen). Danach abkühlen lassen.

4 Für die Glasur den Puderzucker sieben und mit Zitronensaft zu einem dickflüssigen Guss verrühren. Die erkalteten Amerikaner mit dem Guss auf der Unterseite bestreichen und nach Belieben mit Streuseln verzieren.

soulbakery *soulbakeryblog*

last but not least

DRINKS & GETRÄNKE

Fertig in 5 min · Schwierigkeit: 1

Dalgona Coffee mit seinem supercremigen Schaum und der leichten Kokosmilch ist die perfekte Mischung aus Kaffee und Dessert, also two in one!

DALGONA COFFEE

ZUTATEN

Für 1 Person

2 TL lösliches Kaffeepulver
2 TL Zucker
150 ml Kokosmilch (Alternativ Mandel- oder Sojamilch)

ZUBEREITUNG

1 Etwas Wasser erhitzen, 2 TL davon abnehmen und mit dem Kaffeepulver sowie dem Zucker zu einem leichten Schaum aufschlagen.

2 Die Kokosmilch nach Wunsch erhitzen oder kalt verwenden und in Gläser oder Tassen gießen. Den Kaffeeschaum auf die heiße oder kalte Kokosmilch geben und den Dalgona Coffee servieren!

niemi.ch *niemi.ch* *chniemich*

Fertig in 5 min · Schwierigkeit: 1

Auch wer keinen Garten oder Balkon hat: Mit Kräutern von der Fensterbank lassen sich ebenso leckere und wohltuende Teemischungen ganz leicht selber machen.

SELBST GEMACHTER KRÄUTERTEE

ZUTATEN

Für 1 Tasse

2 Teile frischer oder getrockneter Thymian (alternativ Zitronenthymian)
1 Teil frischer oder getrockneter Rosmarin
Honig (alternativ Ahornsirup) zum Süßen
1 Spritzer Zitronensaft

ZUBEREITUNG

1 Die frischen Kräuter waschen und trocken tupfen. Wasser zum Kochen bringen und die Kräuter 5–15 Minuten darin ziehen lassen.

2 Anschließend den Tee abseihen, mit dem Honig süßen, mit dem Zitronensaft verfeinern und servieren.

stardustandpantries.de* ◎ *betty_stardustandpantries* ⓟ *bmstardust

Fertig in 10 min · Schwierigkeit: 1

Der Ipanema wird oft auch Virgin Caipirinha oder Caipi Ginger genannt – und ist einer der bekanntesten und besten alkoholfreien Cocktails!

IPANEMA-COCKTAIL

ZUTATEN

Für 1 Person

1 Bio-Limette
2 TL Rohrzucker
2 Minzblätter (nach Belieben)
½ Maracuja (nach Belieben)
Crushed Ice für 1 Glas
80 ml Gingerale
40 ml Maracujasaft

ZUBEREITUNG

1 Die Limette waschen und beide Enden inklusive dem Stielansatz großzügig abschneiden, da sonst die Bitterstoffe in das Getränk gelangen. Ggf. eine Scheibe für die Glasdekoration abschneiden, die Limette halbieren, vierteln und in ein Glas geben.

2 Den Zucker zugeben. Mit einem Stößel die Limetten zerdrücken, dabei darauf achten, wirklich nur zu drücken, nicht zu reiben oder zu drehen, da die Schale bitter schmeckt. Nach Belieben (und schön für das Auge) Minzblätter und Maracuja zugeben. Die Zutaten im Glas umrühren.

3 Das Crushed Ice bis zum Glasrand zufügen und mit Gingerale und Maracujasaft übergießen. Den Cocktail ggf. mit der Limettenscheibe dekorieren und servieren.

Was uns begeistert

PRODUKTE DES JAHRES

SIEGFRIED WONDERLEAF

Eine alkoholfreie, geschmacklich überzeugende Alternative zu Gin, geht das? Aber ja! Für alle, die auf Alkohol verzichten möchten, stellt der Siegfried Wonderleaf eine großartige Option dar.

Deutschland · 2018 · 18,42 €

Angefangen hat alles 2016 mit einem Aprilscherz, der einen alkoholfreien Gin in den sozialen Netzwerken ankündigte. Doch die überraschend große Resonanz darauf hat die Macher der bekannten Gin-Marke Siegfried angespornt, in dieser Richtung zu forschen. So haben sie im Frühjahr 2017 mit der Entwicklung begonnen und 2018 den ersten aus Deutschland stammenden alkoholfreien Gin auf den Markt gebracht. Der Anspruch des Unternehmens Rheinland Distillers war dabei nie, Gin zu ersetzen, sondern das Spektrum um eine alkoholfreie und ausdrucksstarke Variante zu erweitern. Auch wenn der in einer schönen Glasflasche mit ansprechend gestaltetem Etikett präsentierte Siegfried Wonderleaf streng genommen kein Gin ist, da dieser mindestens 37,5 % vol Alkohol aufweisen muss, bringt er doch die typischen Aromen in Drinks und Cocktails. Geprägt von hochwertigen Botanicals wie Wacholder, Lindenblüten, Pomeranze, Nelkenpfeffer, Lavendel, Kardamom, Angelikawurzel, Ingwer und Thymian begrüßt der alkoholfreie Gin im Glas die Nase mit sanften Zitrusnoten, Ingwer und Piment. Am Gaumen zeigt er sich weich und rund und besonders Kardamom und Piment vereinen sich ausdrucksvoll mit den Zitrusaromen. Im Abgang dauern dann warme Gewürznoten und Zitrusaromen fort. Ein überzeugender Genuss für alle, die keinen Alkohol trinken oder einfach mal darauf verzichten wollen.

Rheinland Distillers GmbH · Mozartstraße 24 · 53115 Bonn

www.siegfriedgin.com

SIE
GFR
IED
WONDERLEAF
ALKOHOLFREI

SMEG

KÜCHENMASCHINE SMF13WHEU

Formschönes Schmuckstück oder funktionaler Küchenhelfer? Beides, denn der Hausgerätehersteller SMEG schafft es, in seinen Produkten Funktionalität und einzigartiges Design bestens zu vereinen.

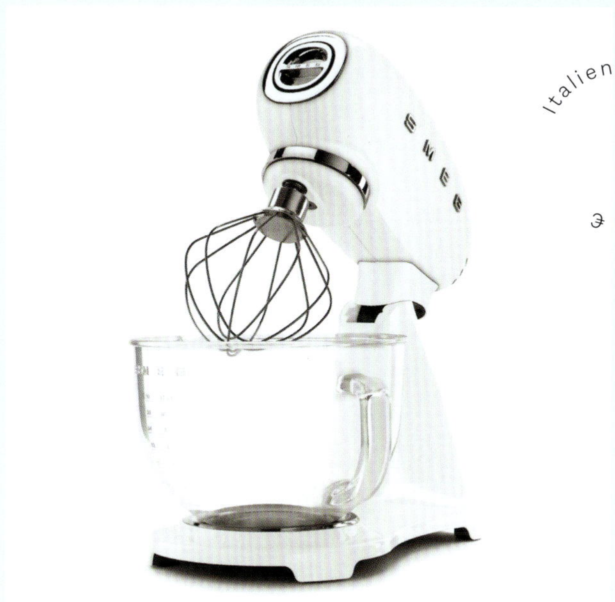

Italien, China · 2018 · 529 €

Seit mehr als 50 Jahren widmet sich das italienische Familienunternehmen SMEG den Bedürfnissen von leidenschaftlichen Hobbyköchen und -bäckern. Diese Erfahrung schlägt sich in den Produkten nieder, die mit langlebigen, hochwertigen Materialien und ausgereifter Technik für sich einnehmen und gleichzeitig aufgrund ihres ausgefallenen Designs zu Highlights in der Küche avancieren. Die Kleingeräte aus der Designlinie im 50er-Jahre-Stil sind großartige Helfer und echte Gute-Laune-Garanten. Die Retro-Küchenmaschine in Weiß verfügt serienmäßig über eine Glasschüssel, ihre Verwandten mit Edelstahlschüssel setzen in den Farben Creme, Rot oder Schwarz in jeder Küche stilvoll Akzente. Doch die stylischen Schmuckstücke begeistern auch in der Anwendung. Dank des umfangreichen Zubehörs unterstützen sie ideal bei der Zubereitung von Teig, Eischnee oder Cremes, aufgrund des Planeten-Rührwerks sind auch kleine Mengen gut zu verarbeiten. Mit Tools wie Eisbereiter, Fleischwolf, Lasagne-Roller und Spaghetti-Schneider meistern sie darüber hinaus nahezu jede Herausforderung. Die Geschwindigkeit des leistungsstarken 800-Watt-Motors lässt sich in zehn Stufen regulieren. Das robuste Metallgehäuse reduziert dabei Vibrationen auf ein Minimum, was ein entspanntes Arbeiten möglich macht. Die einfache Bedienung sowie die leichte Reinigung stellen weitere Pluspunkte der ästhetischen Küchenhelfer dar.

SMEG Deutschland GmbH · Erika-Mann-Str. 57 · 80636 München

www.smeg.de

PAULANER WEISSBIER 0,0 %

100 % natürlich, isotonisch und traditionell gebraut – die Brauerei Paulaner hat ihr Sortiment um einen attraktiven Neuzugang erweitert, der echten Weißbiergeschmack bei 0,0 % Alkohol garantiert.

Deutschland · 2020

Die Idee, die es zu realisieren galt, war, ein Weißbier zu brauen, das komplett ohne Alkohol auskommt und dabei dennoch den typischen Weißbiergeschmack liefert. Eine schwierige Herausforderung, derer sich das Traditionsunternehmen Paulaner angenommen hat. Doch das Ergebnis überzeugt: Das Paulaner Weißbier 0,0 % ist der perfekte Durstlöscher für alle, die Bier-Genuss mit einem aktiven Lebensstil vereinen wollen und gerne mal auf Alkohol, aber keinesfalls auf Geschmack verzichten wollen. Dank der traditionellen Brauweise, die dieselben hohen und altbewährten Standards wie bei den alkoholhaltigen Produktgeschwistern berücksichtigt, geht das Weißbier beim Geschmack keine Kompromisse ein. Die ausgewogene Kombination aus feinen Malznoten, erfrischend-fruchtigen Weißbieraromen und einer angenehm leichten Süße nimmt Bier-Genießer, die Alkohol meiden möchten, schnell für sich ein.

Die traditionelle Brauerei Paulaner bemüht sich seit Längerem, dem Umweltschutzgedanken im Unternehmen Rechnung zu tragen, und ist diesbezüglich mehrfach zertifiziert. So wird etwa der bei den alkoholfreien Bieren entzogene Alkohol in der hauseigenen Biogasanlage zu Energie verarbeitet, die wiederum fürs Brauen verwendet wird. Ein weiteres Kriterium also, um sich guten Gewissens an diesem alkoholfreien Weißbier aus Bayern zu erfreuen.

Paulaner Brauerei Gruppe GmbH & Co. KGaA · Ohlmüllerstraße 42 · 85141 München

www.paulaner.de

PAULANER
MÜNCHEN
PAULANER 0,0
% ALK.
100% NATÜRLICH · TRADITI

TOMATENSAUCE SALSA PARADISO

Die Pasta ist gewählt, das Wasser kocht, nun fehlt nur eine Entscheidung – mild oder pikant? Denn die Tomatensauce von Hermina Deiana verspricht in beiden Varianten echt italienischen Genuss.

Italien · 2019 · 3,25 € je Glas

Zwischen Mitte und Ende August, wenn die Felder in Italien voll stehen mit sonnengereiften Flaschentomaten, erfolgt die Ernte. Und binnen 24 Stunden danach werden die aromatischen Früchte mit natürlichen und regionalen Zutaten eingekocht und verfeinert. Dabei verzichtet das Unternehmen Hermina Deiana vollkommen auf künstliche Zusätze und Konservierungsstoffe. Die gesamte Jahresproduktion der Tomatensauce Salsa Paradiso wird in diesem Zeitraum mit spürbarer Liebe zum Produkt und nach traditionellem Rezept zubereitet. Der immense Vorteil der kurzen Transportwege von Feld zu Kessel ist, dass die Tomaten nichts an Qualität einbüßen und ihr volles Aroma in den Saucen entfalten können. Je nach Gusto können Liebhaber der italienischen und mediterranen Küche zwischen einer milden und einer pikanten Variante wählen. Die angenehme Schärfe erhält die pikante Salsa durch in Gazesäckchen mitgekochte frische Peperoni, die nach dem Kochen entfernt werden.

Mit der Salsa Paradiso gelingen Feinschmeckern im Handumdrehen schmackhafte Pastagerichte, durch ihr fruchtiges Aroma frischer Tomaten eignet sich die Sauce aber auch wunderbar für die Zubereitung von Pizza und allerlei Gemüse-, Fisch- und Fleischgerichten. Unverfälschter italienischer Genuss, der einen am Esstisch vom nächsten Urlaub träumen lässt.

Hermina Deiana · Korfstraße 14 · 61440 Oberursel

hermina-tomatensauce.de

BETTY BUTTER BIO-MANDELMUS WEISS

Voller Geschmack unbedingt! Doch auch die Natürlichkeit des Produkts und die verantwortungsbewusste Herstellung sind für Betty Butter ein Muss – eine Philosophie, die Mandel-Liebhaber überzeugt.

Spanien · 2019 · 12,49 € je Glas

Ob als Aufstrich zum Frühstück, in Müsli, Smoothies und Desserts, in Saucen, Dressings oder für die Zubereitung von Mandeldrink: Bei der Verwendung von Mandelmus sind der kulinarischen Kreativität keine Grenzen gesetzt. Gerade in der veganen Küche wird das Nahrungsmittel gern universell eingesetzt und kann als Milch-, Sahne- und Käseersatzprodukt dienen. Doch auch Vegetarier, Ernährungsbewusste, Fitness-Affine und Nuss-Liebhaber schätzen den einzigartigen Geschmack sowie die gesunden Inhaltsstoffe, die speziell das weiße Mandelmus von Betty Butter bietet. Das Unternehmen hat sich dem Verzicht von Zusatzstoffen und der Berücksichtigung ökologischer Prinzipien verschrieben. Das bio-zertifizierte, vegane, glutenfreie und laktosefreie Mus wird daher ohne jegliche zusätzliche Stoffe und Geschmacksverstärker aus spanischen Bio-Mandeln hergestellt. Durch ein spezielles Produktionsverfahren werden die Mandeln dabei besonders schonend geschält, indem sie nur wenige Sekunden mit mäßig warmem Wasser behandelt werden. So sind die Rohkost-Qualität und damit der Erhalt der wichtigen Nährstoffe gewährleistet. Das wunderbar cremige und lange haltbare weiße Mandelmus ist somit nicht nur eine leckere, sondern auch eine gesunde Option für tägliche Mahlzeiten, Snacks und Drinks.

Betty Butter GmbH · Werrastraße 8 · 33378 Rheda-Wiedenbrück

www.bettybutter.de

BETTY BUTTER
MANDELMUS WEIß
ROHKOST-QUALITÄT
VON NATUR AUS
SERVIERVORSCHLAG

REZEPTREGISTER

5-Minuten Weihnachts-Granola **204**

A

All-in-one-Weizenmischbrot **30**

Apfeltorte mit Frischkäse-Sahnecreme und Streuseln **136**

B

Balsamico-Rindfleischgulasch mit Perlzwiebeln **96**

Bananen-Schoko-Brot mit Salzkaramell **140**

Beschwipster Zwetschgenröster **188**

Bestes griechisches Pita-Brot **32**

Blumenkohlscheiben mit orientalischem Quinoa-Salat **56**

Butterplätzchen **176**

C

Chicken Banh Mi **94**

Cremige Weißwein-Pesto-Gnocchi **66**

D

Dalgona Coffee **214**

E

Empanadas de Picadillo **116**

Erbsen-Hummus mit gebratenem grünen Spargel **36**

F

Feiner Apfel-Sandkuchen mit Mandeln **138**

Fruchtige Sommerbabka mit Rhabarber-Heidelbeer-Füllung **166**

Frühstücksbrötchen – knusprig und raffiniert **184**

G

Gebratener Reis mit Ananas **88**

Gefüllte Champignons mit Spinat, Walnüssen und Ricotta **48**

Gesundes Fisch-Curry mit Spinat und Reis **80**

Glutenfreie Schokoküchlein mit roter Bete **146**

Glutenfreies Buchweizenbrot **178**

Granola andaluz **202**

Green Gazpacho mit Avocado und Kokosmilch **18**

Griechisches Giouvetsi mit Lamm **104**

Grünkohlchips, karamellisierte Karotten und Polenta-Taler **24**

Gulasch **112**

H

Heidelbeer-Streusel-Käsekuchen **154**

Huhn in Sherry-Sauce **110**

I

Ipanema-Cocktail **218**

K

Kabeljau konfiert auf Spargel-Bärlauch-Risotto **90**

Karamellschnitten **182**

Kladdkaka - Schwedischer Schokoladenkuchen **148**

Kokos-Schokoladen Torte mit veganen Rumkugeln **158**

Köttbullar **108**

Kua Mee – Gebratene Nudeln aus Laos **40**

Kürbis-»Mac and Cheese« **64**

Kürbis-Mango-Suppe **22**

Kürbisbuchteln mit Pflaumenmus aus dem Dutch Oven **58**

L

Labneh – Frischkäse aus der Levante **28**

Lachs-Quiche **86**

Lammkarree mit Tomaten-Kirsch-Sauce und Kartoffelpolenta **100**

Lebkuchen-Schokoladen-Tiramisu-Törtchen **206**

Lemon-Drizzle-Cake **152**

Low Carb Zucchini-Romanesco-Gratin **72**

M

Marinierter Gurken-Zucchini-Salat mit Feta und Dill **12**

Mohnzopf mit Preiselbeeren **172**

N

No bake: Erdbeertorte mit Quark-Sahne-Füllung **156**

No Drama Banana: Veganes Bananenbrot **124**

Nudeln mit karamellisierten Ofentomaten **50**

Nudeln mit Salsicca und Sahnesauce **114**

O

Omas Schoko-Nuss-Kuchen **142**

P

Pasta mit Kürbis, Zucchini und karamellisierten Zwiebeln **60**
Pfirsisch-Galette **162**
Poisson Cru à la Tahitienne – Rezept aus Tahiti **92**
Pumpkin Pie – Amerikanischer Kürbiskuchen **150**
Pumpkin-Pie-Zimtschnecken **198**

R

Raggmunk – Schwedische Kartoffelpfannkuchen **102**
Reuben-Sandwich **106**
Rote-Bete-Burger mit Rindfleisch, Ziegenkäse und Feigen **118**

S

Saftige Meatballs **98**
Saftige Vanille-Amerikaner mit zitronigem Zuckerguss **210**
Schafskäse aus dem Ofen mit Gemüse und karamellisierten Zwiebeln **70**
Schneller Kokoskuchen **126**
Schnittlauchblüten-Essig **16**
Schokoladenwaffeln mit Walnuss-Tahini-Sauce **208**
Schwertfisch in Tomaten-Wermut-Sahne-Sauce mit Estragon **76**
Selbstgemachter Kräutertee **216**
Skyr-Käsekuchen mit Agavendicksaft und Blaubeeren **144**
Soup de chalet – Schweizer Hüttensuppe **20**
Süße Weihnachtstannenbäume **174**

T

Tagliatelle mit Lachs und Mangold **78**
Tagliatelle mit Ofenkürbis-Lauch-Creme **74**
Tagliatelle mit Tomatensauce und schwarzen Sommertrüffeln **82**
Tagliatelle mit Ziegenkäse und Feigen **62**
Toffiffee-Cupcakes mit Topping **164**
Tomaten-Galette **34**

V

Vegane Couscous-Gemüsepfanne **52**
Vegane Panna Cotta **194**
Vegane Pasta mit Cashew-Sahne-Sauce und Pilzen **46**
Vegane Schokotarte mit Himbeeren **134**
Veganer Brokkolisalat **14**
Veganer Kürbis-Linsen-Curryeintopf **54**
Veganer Maulwurfkuchen **128**
Veganer Mirabellen-Streuselkuchen mit einfachem Rührteig **132**
Veganer Nusszopf **170**
Veganer saftiger Polentakuchen mit Kokossahne und Beeren **130**
Veganer Schnitzelburger **42**
Veganer Tomaten-Linsen-Eintopf **44**
Veganes »Heiße Liebe« Porridge mit karamellisierter Banane **196**
Veganes Mano-Kokos-Eis **186**
Vegetarische Wirsingrouladen **68**
Vietnamesische Sommerrollen mit Erdnuss-Sauce **26**

W

Walnusswaffeln **160**
Würziges Pflaumenmus aus dem Backofen **200**

Z

Zarter Lachs aus dem Ofen mit Gemüse **84**
Zuckerfreie Donuts mit Apfelmus **168**
Zuckerfreie Kokoskugeln mit Himbeeren **192**
Zweifarbige Brombeer-Mango-Konfitüre **190**
Zwetschen-Strudel mit gehackten Mandeln und Müsli **180**

REGISTER

A

African-Gewürzsalz: **68**
Agavendicksaft: **24, 116, 144, 158, 202**
Apfel: **14, 136, 138**
  Apfelmus: **162, 168**
  Apfelsaft: **136**
Ananas: **88**
Ahornsirup: **14, 26, 56, 116, 124, 134, 146, 158, 168, 186, 194, 196, 204**
Avocado: **18**
Artischockenherzen: **66**
Austernsauce: **88**
Agar-Agar: **134, 194**

B

Bananen: **124, 128, 140**
Bärlauch: **90**
BBQ-Sauce: **42**
Belugalinsen: **44**
Beeren
  Blaubeeren: **144**
  Brombeeren: **190**
  Erdbeeren: **156**
  Heidelbeeren: **154, 166**
Bergkäse: **72**
Birkenzucker: **158**
Blaubeeren: **144**
Blumenkohl: **56**
Bohnen, grüne: **52**
Brombeeren: **190**
Brot
  Pita-Brot: **32**
  Toastbrot: **98, 108**
Roggenbrot: **106**
Buchweizen: **178**
Büffelmozzarella: **66**
Butterkekse: **156**

C

Cashewnusskerne: **46, 64, 88, 100**
Champignon: **42, 46, 48, 68,**
Cheddar-Käse: **60**
Chilli: **70**
Couscous: **52**
Curry
  Paste: **54**
  Pulver: **56, 80, 88, 94, 100**

D

Datteln: **68, 146, 202**
Datteltomaten: **98**

E

Eier: **40, 72, 86, 88, 102, 116, 136, 139, 140, 142, 144, 146, 148, 150, 152, 154, 164, 166, 198**
Erbsen: **36, 60, 86**
Erdnussbutter: **26**
Essig
Aceto Balsamico: **96**
Apfelessig: **18, 56, 100, 180**
Reisessig: **94**
Schnittlauchblüten-Essig: **20**
Espresso: **207**
Espressobohnen: **100**

F

Feigen: **62, 118**
Fisch
  Fischsauce: **26, 40, 88, 94,**
Garnelen: **26**
Kabeljau: **90**
Lachs, Filet: **78, 84, 86**
Riesengarnelenschwänze: **88**
Schwertfisch: **76**
Fleisch
  Hühnchen: **110**
Hackfleisch, gemischt: **108, 116**
Kalbsfond: **108**
  Lammkarree: **100**
Lammkeule: **104**

Pastrami: **106**
Pancetta: **114**
Rinderbrühe: **20, 104**
Rindfleischfond: **96**
Rinderhackfleisch: **98, 118**
Salsiccia: **114**
Schinken, gekocht: **72**
Schinkenspeck: **96**
Frischkäse: **28, 136**

G
Garnelen: **26, 88**
Gewürznelken: **150, 200**
Gnocchi: **66**
Gorgonzola: **74**
Granatapfel: **194**
Grieß: **100, 130, 144, 172**
Grünkohl: **24,**
Gurke: **12, 19, 26, 42, 56, 90, 94, 106**

H
Haferdrink: **128**
Hafergrütze: **68**
Haferflocken: **196, 202, 204**
Haselnusskerne: **124, 142, 146, 170**
Heidelbeeren: **154, 166**
Himbeeren: **134, 192, 196**
Hörnchennudeln: **20, 64**

K
Kabeljau: **90**
Käse
Bergkäse: **72**
Cheddar-Käse: **60**
Feta: **12, 48, 104**
Gorgonzola: **74**
Greyerzer: **20**
Parmesan: **24, 64, 66, 72, 78, 90, 100, 114**
Schafskäse: **70**
Schweizer Käse: **106**
Ziegenfrischkäse, mild: **62**
Kardamom: **194, 198**
Kaffirlimettenblätter: **22**
Kaffeepulver: **214**
Karotten: **24, 26, 54, 56, 84, 104**
Kartoffeln: **20, 102, 108**
Knollensellerie: **54**
Kokosmilch: **44, 54, 92, 126, 130, 158, 186, 208, 214**
Kokosraspel: **126, 192**
Kritharaki (griechische Nudeln): **104**
Kürbis: **22, 54, 58, 60, 64, 74, 150, 198**
Kurkuma: **64, 158**

I
Ingwer: **22, 26, 54, 92, 100, 150, 158, 198, 208**

J
Jasminreis: **88**
Joghurt: **28, 130, 158, 160, 178**

L
Lachs, Filet: **78, 84, 86**
Lauch: **20, 72, 74, 86**
Lebkuchengewürz: **204, 206**
Leinsamen: **202**
Lemon Curd: **152**
Lievito Madre: **162**
Linsen
Belugalinsen: **44**
Linsen, braune: **54**

M
Madeira: **188**
Mandeln: **124, 132, 136, 138, 146, 159, 164, 170, 180, 202, 204**
Marzipan: **162**
Mayonnaise: **94, 106, 118**
Mango: **22, 186, 190**
Mangold: **78**
Minze: **18, 52, 218**
Mohn: **172**

Mozzarella: **66, 98**
Müsli: **180**

—

N
Nougatschokolade: **158**
Nüsse
  Cashewnuss, Kerne: **46, 64, 88, 100**
  Walnuss, Kerne: **48, 62, 68, 160, 208**
Haselnuss, Kerne: **124, 142, 146, 170**
Nutella: **164**

—

O
Oliven: **14**
Orange: **60, 174, 202**
Orangenlikör: **200**

—

P
Paprika: **14, 18, 52, 70**
Pasta: **20, 40, 46, 50, 62, 114,**
  Spirelli-Nudeln: **112**
  Tagliatelle: **62, 74, 78, 82**
Kritharaki (griechische Nudeln): **104**
Pastinaken: **24**
Pastrami: **106**
Pfirsich: **162**
Pflaumen, Mus: **58, 200**
Pinienkerne: **34, 66**
Pistazien: **130, 140, 156, 186**
Pilze: **24, 68**
  Champignon: **46, 48**
Polenta: **24, 100, 130**
Preiselbeeren: **172**

—

Q
Quark: **174, 154, 156, 174**
Quinoa: **56**

—

R
Reis
  Jasminreis: **88**
Reisessig: **94**
Reismehl: **146**
Reisnudeln: **26**
Reispapierblättchen: **26**
Reissahne: **158**
Rhabarber: **166**
Riesling: **90**
Roggenbrot: **106**
Romanesco: **72**
Rosinen: **88, 116**
Rote Bete: **118, 146**
Rotwein: **104, 112**
Rucola: **42, 66, 118**

—

S
Salbeiblätter: **74**
Saucen
  BBQ Sauce: **42**
Fischsauce: **26, 40, 88, 94,**
Mayonnaise: **94, 106, 118**
  Sojasauce: **26, 40, 94**
  Worcestersauce: **106**
Sauerkraut: **106**
Schafskäse: **70**
Schinken, gekocht: **72**
Schinkenspeck: **96**
Schnittlauch: **16, 114**
Schwertfisch: **76**
Sesamsamen: **178, 202**
Sherry: **110**
Skyr: **144**
Spargel: **36, 90**
Spinat: **20, 48, 54, 80**
Sojasauce: **26, 40, 94**
Süßkirschen: **100**

—

T
Tagliatelle: **62, 74, 78, 82**
Toastbrot: **98, 108**
Toffifee: **160, 164, 210**

Tomaten: **34, 42, 44, 50, 52, 54, 56, 70, 76, 82, 98, 100, 104, 112,**
Datteltomaten: **98**
Tonkabohne: **194**

W

Walnuss, Kerne: **48, 62, 68, 160, 208**
Weißwein: **24, 60, 67, 114,**
Wildpreiselbeere, Marmelade: **108, 172**
Wirsing: **68**
Worcestersauce: **106**

Z

Zartbitterschokolade: **112, 140, 142, 146, 158,**
Ziegenkäse: **62 118**
Zucchini: **12, 70, 72, 84**
Zwetschgen: **180, 188**

IMPRESSUM

CALLWEY
SEIT 1884

© 2021 Callwey GmbH
Klenzestraße 36
80469 München
buch@callwey.de
Tel.: +49 89 8905080-0
www.callwey.de

Wir sehen uns auf Instagram:
www.instagram.com/callwey

ISBN 978-3-7667-2527-1
1. Auflage 2021

Bibliografische Information der Deutschen Nationalbibliothek
Die Deutsche Nationalbibliothek verzeichnet diese Publikation in der Deutschen Nationalbibliografie; detaillierte bibliografische Daten sind im Internet über <http://dnb.d-nb.de> abrufbar.

Dieses Buch wurde in CALLWEY-QUALITÄT für Sie hergestellt:
Beim Inhaltspapier haben wir uns für ein MagnoMatt in 150 g/m^2 entschieden – ein matt gestrichenes Bilderdruckpapier. Die gestrichene, mattierte Oberfläche gibt dem Inhalt einen edlen und hochwertigen Charakter. Die Hardcover-Gestaltung besteht aus bedrucktem Surbalin-Papier und wurde mit einer Folienprägung in Messing veredelt. Dieses Buch wurde in Deutschland gedruckt und gebunden bei Optimal Media GmbH, Röbel/Müritz.

Vielen Dank an alle Blogger und Bloggerinnen, die ihre Rezepte eingereicht und für die Publikation zur Verfügung gestellt haben!

Bildnachweis:
Umschlagmotiv: iStock.com/alvarez
Umschlagrückseite: Tanja Hauser, Ihana, ihana.life
Vor-/Nachsatzmotiv: Dr. Kathrin Grotjahn, Sanddorn & Seegras, sanddornundseegras.de
S. 8: Caroline Attwood on Unsplash
S. 222/223: Rheinland Distillers GmbH
S. 224/225: SMEG Deutschland GmbH
S. 226/227: ©Paulaner AG
S. 228/229: Stefano Oliva für Hermina Deiana, 61440 Oberursel
S. 230/231: Danial Fischer, Köln
S. 232: iStock.com/Rawpixel

Viel Freude mit diesem Buch wünschen Ihnen:
Projektleitung: Amber Holland-Cunz
Lektorat: Constanze Lüdicke
Gestaltung & Satz: Anna Schlecker
Herstellung: Dominique Scherzer